Aasia Köögi Aarded
Autentsed Retseptid ja Kulinäärimatkad

Liina Kang

Indeks

sissejuhatus 10
   Marineeritud abalone 12
   Hautatud bambusevõrsed 13
   Kana kurgiga 14
   Seesami kana 15
   Litši ingveriga 16
   Punased keedetud kanatiivad 17
   Krabi liha kurgiga 18
   marineeritud seened 19
   Marineeritud küüslaugu seened 20
   Krevetid ja lillkapsas 21
   Seesami singipulgad 22
   Külm tofu 23
   Kana peekoniga 24
   Friikartulid kana ja banaanidega 25
   Kana ingveri ja seentega 26
   Kana ja sink 28
   Grillitud kanamaksad 29
   Krabipallid vesikastanitega 30
   Dim Sum 31
   Kana-singirullid 32
   Keedetud singi retseptid 34
   Pseudosuitsu kala 35
   Hautatud seened 37
   Seened austrikastmes 38
   Sealiha ja salatirullid 39
   Sealiha ja kastani lihapallid 41
   Sealiha pelmeenid 42
   Sea- ja vasikaliha lihapallid 43
   liblikas krevetid 44
   Hiina Kamerun 45

Krevettide kreekerid 46
Krõbedad krevetid 47
Krevetid ingverikastmega 48
Pasta ja krevetirullid 49
Krevettide röstsai 51
Sealiha ja krevettide wontonid magushapu kastmega 52
Kanapuljong 54
Supp oa võrsete ja sealihaga 55
Abalone ja seenesupp 56
Kana ja sparglisupp 58
Lihasupp 59
Hiina veiseliha ja lehesupp 60
Kapsasupp 61
Vürtsikas veiselihasupp 62
Taevalik supp 64
Kana ja bambusesupp 65
Kana-maisisupp 66
Kana ja ingveri supp 67
Kanasupp hiina seentega 68
Kana-riisisupp 69
Kana ja kookosesupp 70
Karpide supp 71
Munasupp 72
Krabi- ja kammkarbisupp 73
Krabisupp 75
Kalasupp 76
Kala-salatisupp 77
Ingverisupp pelmeenidega 79
Kuum ja hapukas supp 80
Seenesupp 81
Seene- ja kapsasupp 82
Muna ja seenesupp 83
Seene- ja vesikastanisupp 84
Sealiha ja seenesupp 85
Sealiha ja kressisupp 86
Sealiha ja kurgi supp 87

Supp lihapallide ja tagliatellega 88
Spinati ja tofu supp 89
Maisi-krabisupp 90
Sichuani supp 91
Tofu supp 93
Tofu ja kalasupp 94
Tomatisupp 95
Tomati ja spinati supp 96
Naeris supp 97
Pottage 98
Taimetoidusupp 99
Kressisupp 100
Praetud kala köögiviljadega 101
Röstitud terve kala 103
Hautatud sojakala 104
Sojakala austrikastmega 105
Keedetud meriahven 107
Küpsetatud kala seentega 108
Magushapu kala 110
Sealihaga täidetud kala 112
Maitsestatud Roast Carp 114
Krevetid litši kastmega 116
Praetud krevetid mandariiniga 117
Krevetid lumehernestega 118
Krevetid hiina seentega 119
Praetud krevetid ja herned 120
Krevetid mango chutneyga 121
Praetud krevetipelmeenid sibulakastmega 122
Mandariini krevetid hernestega 123
Pekingi stiilis krevetid 124
Krevetid paprikaga 125
Sealihaga praetud krevetid 126
Praetud krevetid šerrikastmega 127
Seesami praetud krevetid 128
Kooris praetud krevetid 129
Praetud krevetid 130

Krevettide tempura *131*
Kummi all *131*
Krevetid tofuga *133*
Krevetid tomatiga *134*
Krevetid tomatikastmega *134*
Krevetid tomatikastme ja paprikaga *135*
Praetud krevetid tomatikastmega *136*
Krevetid köögiviljadega *137*
Krevetid vesikastanitega *138*
Wontonid krevetid *139*
Abalone kanaga *140*
Abalone spargliga *141*
Abalone seentega *143*
Abalone austrikastmega *143*
Aurutatud karbid *144*
Karbid oa idanditega *145*
Karbid ingveri ja küüslauguga *146*
Praetud karbid *147*
Krabikoogid *148*
Krabi kreem *149*
Hiina lehtedega krabiliha *150*
Foo Yung krabi oa võrsetega *151*
Ingverkrabi *152*
Krabi Lo Mein *153*
Praetud krabi sealihaga *154*
Praetud krabiliha *155*
Praetud seepia lihapallid *155*
Kantoni homaar *156*
Praetud homaar *157*
Aurutatud homaar singiga *158*
Homaar seentega *159*
Homaari sabad sealihaga *160*
Praetud homaar *161*
homaari pesad *163*
Rannakarbid musta oa kastmes *164*
Rannakarbid ingveriga *165*

Keedetud rannakarbid 166
Praetud austrid 167
Austrid peekoniga 168
Praetud austrid ingveriga 169
Austrid musta oa kastmega 170
Kammkarbid bambusevõrsetega 171
Kammkarbid munaga 172
Kammkarbid brokkoliga 173
Kammkarbid ingveriga 175
Kammkarbid singiga 176
Segatud kammkarbid ürtidega 177
Praetud kammkarbid ja sibul 178
Kammkarbid köögiviljadega 179
Kammkarbid paprikaga 180
Kalamari oa idanditega 181
Praetud kalmaar 182
Kalamari pakid 183
Praetud kalamari rullid 184
Hautatud kalamari 186
Kalamari kuivatatud seentega 186
Kalamari köögiviljadega 187
Aniisis hautatud praad 188
Veiseliha spargliga 189
Veiseliha bambusevõrsetega 190
Veiseliha bambusevõrsete ja seentega 191
Hiina rostbiif 192
Veiseliha oa võrsetega 193
Veiseliha brokkoliga 194
Seesami veiseliha brokkoliga 195
Rostbiif 197
Kantoni liha 198
Liha porgandiga 199
Liha india pähklitega 199
Slow Cooker veiseliha pajaroog 200
Veiseliha lillkapsaga 201
Veiseliha selleriga 202

Praetud lihakrõpsud selleriga 203
Tükeldatud liha kana ja selleriga 204
Veiseliha tšillipipraga 206
Veiseliha hiina kapsaga 208
Veiselihakarbonaad Suey 209
Liha kurgiga 211
Veiseliha Chow Mein 212
Kurgi praad 214
Rostbiifi karri 215

sissejuhatus

Kõik, kes armastavad süüa teha, armastavad proovida uusi roogasid ja uusi maitseelamusi. Hiina köök on viimastel aastatel muutunud tohutult populaarseks, kuna see pakub nautimiseks erinevaid maitseid. Enamik roogasid valmivad pliidiplaadil ning paljud valmivad ja valmivad kiiresti, seega sobivad need ideaalselt kiirele kokale, kes soovib ajapuuduses valmistada isuäratava ja pilkupüüdva roa. Kui sulle väga meeldib Hiina köök, siis tõenäoliselt on sul vokkpann juba olemas ja see on ideaalne tööriist enamiku raamatus kirjeldatud roogade valmistamiseks. Kui te pole ikka veel veendunud, et see toiduvalmistamisstiil teile sobib, kasutage retseptide testimiseks head panni või panni. Kui avastate, kui lihtne on neid valmistada ja kui maitsev on süüa, soovite kindlasti investeerida oma köögi vokkpanni.

Marineeritud abalone

Serveerib 4

450 g / 1 naela konserveeritud abalone

45 ml/3 spl sojakastet

30 ml/2 spl veiniäädikat

5 ml / 1 tl suhkrut

paar tilka seesamiõli

Nõruta abalone ja lõika õhukesteks viiludeks või lõika ribadeks. Sega ülejäänud koostisosad, vala abalone peale ja sega korralikult läbi. Kata kaanega ja pane 1 tunniks külmkappi.

Hautatud bambusevõrsed

Serveerib 4

60 ml/4 spl maapähkliõli (maapähklid).
225 g/8 untsi ribadeks lõigatud bambusevõrsed
60 ml/4 spl kanapuljongit
15 ml/1 spl sojakastet
5 ml / 1 tl suhkrut
5 ml/1 tl riisiveini või kuiva šerrit

Kuumuta õli ja prae bambusevõrseid 3 minutit. Sega puljong, sojakaste, suhkur ja vein või šerri ning lisa pannile. Katke ja küpseta 20 minutit. Enne serveerimist lase jahtuda ja jahtuda.

Kana kurgiga

Serveerib 4

1 kurk, kooritud ja seemnetest puhastatud
225 g/8 untsi keedetud kana, tükkideks lõigatud
5 ml/1 tl sinepipulbrit
2,5 ml/¬Ω teelusikatäis soola
30 ml/2 spl veiniäädikat

Lõika kurk ribadeks ja laota tasasele serveerimistaldrikule. Aseta peale kana. Sega sinep, sool ja veiniäädikas ning vala enne serveerimist kanale.

Seesami kana

Serveerib 4

350g/12oz keedetud kana
120 ml/4 fl untsi/½ tassi vett
5 ml/1 tl sinepipulbrit
15 ml/1 spl seesamiseemneid
2,5 ml/½ teelusikatäis soola
Näputäis suhkrut
45 ml/3 spl hakitud värsket koriandrit
5 murulauku (murulauk), hakitud
½ tükkideks lõigatud salatipea

Lõika kana õhukesteks ribadeks. Sega sinepiga piisavalt vett, et tekiks ühtlane pasta ja lisa see kana hulka. Rösti seesamiseemned kuival pannil kergelt pruuniks, seejärel lisa need kanale ning puista üle soola ja suhkruga. Lisa pool peterselli ja murulauku ning sega korralikult läbi. Laota salat serveerimisvaagnale, kata kanaseguga ja kaunista ülejäänud peterselliga.

Litši ingveriga

Serveerib 4

1 suur arbuus, pooleks lõigatud ja seemnetest puhastatud
450 g/1 naela konserveeritud litšid, nõrutatud
5 cm/2 varrega ingver, viilutatud
mõned piparmündilehed

Täida melonipoolikud litši ja ingveriga, kaunista piparmündilehtedega. Enne serveerimist jahuta.

Punased keedetud kanatiivad

Serveerib 4

8 kanatiiva

2 murulauku (murulauk), hakitud

75 ml/5 spl sojakastet

120 ml/4 fl untsi/¬Ω tassi vett

30 ml/2 spl fariinsuhkrut

Lõika ja visake kanatiibade luused otsad ära ja lõigake need pooleks. Asetage see koos teiste koostisosadega pannile, laske keema tõusta, katke kaanega ja küpseta 30 minutit. Eemaldage kaas ja jätkake küpsetamist veel 15 minutit, sageli pintseldades. Laske jahtuda, seejärel jahutage enne serveerimist.

Krabi liha kurgiga

Serveerib 4

100 g krabiliha, helbed
2 kurki, kooritud ja tükeldatud
1 viil ingverijuurt, tükeldatud
15 ml/1 spl sojakastet
30 ml/2 spl veiniäädikat
5 ml / 1 tl suhkrut
paar tilka seesamiõli

Aseta krabiliha ja kurgid kaussi. Sega ülejäänud koostisosad, vala krabilihasegule ja sega korralikult läbi. Kata kaanega ja hoia enne serveerimist 30 minutit külmkapis.

marineeritud seened

Serveerib 4

225 g šampinjoni seeni
30 ml/2 spl sojakastet
15 ml/1 spl riisiveini või kuiva šerrit
näputäis soola
paar tilka Tabasco kastet
paar tilka seesamiõli

Blanšeeri seeni 2 minutit keevas vees, nõruta ja kuivata. Asetage see kaussi ja valage see teistele koostisosadele. Sega korralikult läbi ja hoia enne serveerimist külmkapis.

Marineeritud küüslaugu seened

Serveerib 4

225 g šampinjoni seeni
3 küüslauguküünt, purustatud
30 ml/2 spl sojakastet
30 ml/2 spl riisiveini või kuiva šerrit
15 ml/1 spl seesamiõli
näputäis soola

Asetage seened ja küüslauk kurn, valage keeva veega ja laske 3 minutit seista. Nõruta ja kuivata hästi. Sega ülejäänud ained, vala marinaad seentele ja jäta 1 tunniks marineeruma.

Krevetid ja lillkapsas

Serveerib 4

225 g lillkapsa õisikuid

100 g/4 untsi kooritud krevette

15 ml/1 spl sojakastet

5 ml/1 tl seesamiõli

Küpseta lillkapsast umbes 5 minutit, kuni see on pehme, kuid siiski krõmpsuv. Sega krevettidega, puista peale sojakaste ja seesamiõli ning sega läbi. Enne serveerimist jahuta.

Seesami singipulgad

Serveerib 4

225 g ribadeks lõigatud sinki
10 ml/2 tl sojakastet
2,5 ml/¬Ω tl seesamiõli

Laota sink serveerimistaldrikule. Sega omavahel sojakaste ja seesamiõli, puista peale sink ja serveeri.

Külm tofu

Serveerib 4

450 g/1 naela tofut, lõigatud viiludeks
45 ml/3 spl sojakastet
45 ml/3 spl maapähkliõli (maapähklid).
värskelt jahvatatud pipar

Pane tofu, paar viilu korraga, kurn, kasta 40 sekundiks keevasse vette, seejärel kurna ja laota serveerimistaldrikule. Lase jahtuda. Sega sojakaste ja õli, puista peale tofu ja serveeri pipraga üle puistatult.

Kana peekoniga

Serveerib 4

225 g/8 untsi kana, lõigatud väga õhukesteks viiludeks
75 ml/5 spl sojakastet
15 ml/1 spl riisiveini või kuiva šerrit
1 küüslauguküüs, purustatud
15 ml/1 spl fariinsuhkrut
5 ml/1 tl soola
5 ml/1 tl hakitud ingverijuurt
225 g/8 untsi lahja peekon, kuubikuteks
100 g vesikastanit, lõigatud väga õhukesteks viiludeks
30 ml/2 supilusikatäit mett

Aseta kana kaussi. Sega 45ml/3 spl sojakastet veini või šerri, küüslaugu, suhkru, soola ja ingveriga, vala kanale ja lase ca 3 tundi marineerida. Tõsta kana, peekon ja kastanid kebabivarrastele. Sega ülejäänud sojakaste meega ja pintselda vardasid. Prae (küpseta) kuumal grillil umbes 10 minutit, kuni see on läbi küpsenud, keerake sageli ja pintseldage küpsemise ajal täiendava glasuuriga.

Friikartulid kana ja banaanidega

Serveerib 4

2 keedetud kanarinda
2 kõva banaani
6 viilu leiba
4 muna
120 ml/4 fl untsi/¬Ω tassi piima
50 g/2 untsi/¬Ω tassi tavalist jahu (universaalne)
225 g/8 untsi/4 tassi värsket riivsaia
prae õli

Lõika kana 24 tükiks. Koori banaanid ja lõika pikuti neljaks. Lõika iga veerand kolmandikuks, et saada 24 tükki. Eemalda saialt koorik ja lõika see neljandikku. Klopi lahti munad ja piim ning pintselda saia ühte külge. Aseta iga leivatüki munaga kaetud poolele tükk kana ja banaanitükk. Määri ruudud kergelt jahuga, kasta munasse ja määri riivsaiaga. Kasta uuesti muna ja riivsaiaga. Kuumuta õli ja prae paar ruutu korraga kuldpruuniks. Nõruta majapidamispaberil enne serveerimist.

Kana ingveri ja seentega

Serveerib 4

225 g kana rinnafileed

5 ml/1 tl viie vürtsi pulbrit

15 ml/1 supilusikatäis tavalist jahu (universaalne)

120 ml/4 fl untsi/¬Ω tassi maapähkliõli.

4 šalottsibulat, pooleks lõigatud

1 küüslauguküüs, viilutatud

1 viil ingverijuurt, tükeldatud

25 g/1 unts/¬th tassi india pähkleid

5 ml/1 tl mett

15 ml/1 spl riisijahu

75 ml/5 spl riisiveini või kuiva šerrit

100 g/4 untsi seeni, lõigatud neljandikku

2,5 ml/¬Ω teelusikatäis kurkumit

6 pooleks lõigatud kollast paprikat

5 ml/1 tl sojakastet

sidrunimahl

sool ja pipar

4 krõbedat salatilehte

Lõika kanarind diagonaalselt üle tera õhukesteks ribadeks. Puista üle viie vürtsi pulbriga ja määri kergelt jahuga. Kuumuta 15 ml/1 spl õli ja prae kana kuldpruuniks. Eemalda pannilt. Kuumuta veel veidi õli ja prae sibulat, küüslauku, ingverit ja india pähkleid 1 minut. Lisa mesi ja sega, kuni köögiviljad on kaetud. Puista peale jahu ja lisa veini või šerrit. Lisa seened, safran ja pipar ning küpseta 1 minut. Lisa kana, sojakaste, poole sidruni mahl, sool ja pipar ning kuumuta läbi. Eemalda pannilt ja hoia soojas.

Kuumuta veel veidi oliiviõli, lisa salatilehed ja prae need kiiresti läbi, maitsestades soola, pipra ja järelejäänud laimimahlaga.

Laota salatilehed kuumutatud taldrikule, lao peale liha ja köögiviljad ning serveeri.

Kana ja sink

Serveerib 4

225 g/8 untsi kana, lõigatud väga õhukesteks viiludeks
75 ml/5 spl sojakastet
15 ml/1 spl riisiveini või kuiva šerrit
15 ml/1 spl fariinsuhkrut
5 ml/1 tl hakitud ingverijuurt
1 küüslauguküüs, purustatud
225 g keedetud sinki, kuubikuteks
30 ml/2 supilusikatäit mett

Asetage kana kaussi 45 ml/3 spl sojakaste, veini või šerriga, suhkru, ingveri ja küüslauguga. Lase 3 tundi marineerida. Tõsta kana ja sink kebabivarrastele. Sega ülejäänud sojakaste meega ja pintselda vardasid. Prae (küpseta) kuumal grillil umbes 10 minutit, sageli keerates ja küpsemise ajal glasuuriga pintseldades.

Grillitud kanamaksad

Serveerib 4

450 g / 1 nael kanamaks
45 ml/3 spl sojakastet
15 ml/1 spl riisiveini või kuiva šerrit
15 ml/1 spl fariinsuhkrut
5 ml/1 tl soola
5 ml/1 tl hakitud ingverijuurt
1 küüslauguküüs, purustatud

Keeda kanamaksasid keevas vees 2 minutit ja nõruta hästi. Pange see kaussi koos kõigi ülejäänud koostisosadega, välja arvatud õli, ja marineerige umbes 3 tundi. Tõsta kanamaksad kebabivarrastele ja grilli kuumal grillil umbes 8 minutit kuldpruuniks.

Krabipallid vesikastanitega

Serveerib 4

450 g/1 naela krabiliha, tükeldatud

100g vesikastanit, hakitud

1 küüslauguküüs, purustatud

1 cm/¬Ω viilutatud ingverijuur, hakitud

45 ml/3 spl maisijahu (maisitärklis)

30 ml/2 spl sojakastet

15 ml/1 spl riisiveini või kuiva šerrit

5 ml/1 tl soola

5 ml / 1 tl suhkrut

3 lahtiklopitud muna

prae õli

Sega kõik koostisosad, välja arvatud õli, ja vormi pallideks. Kuumuta õli ja prae krabipallid kuldpruuniks. Nõruta enne serveerimist hästi.

Dim Sum

Serveerib 4

100 g/4 untsi kooritud krevette, tükeldatud
225 g/8 untsi lahja sealiha, peeneks hakitud
50g/2oz bok choy, peeneks hakitud
3 murulauku (murulauk), hakitud
1 lahtiklopitud muna
30 ml/2 spl maisijahu (maisitärklis)
10 ml/2 tl sojakastet
5 ml/1 tl seesamiõli
5 ml/1 tl austrikastet
24 wontoni nahka
prae õli

Sega hulka krevetid, sealiha, kapsas ja talisibul. Sega omavahel muna, maisijahu, sojakaste, seesamiõli ja austrikaste. Asetage lusikatäis segu iga wontoni naha keskele. Suru ümbrised õrnalt ümber täidise, murra servad sisse, kuid jäta pealt lahti. Kuumuta õli ja prae dim sumi paar korraga kuni kuldpruunini. Nõruta need hästi ja serveeri kuumalt.

Kana-singirullid

Serveerib 4

2 kanarinda
1 küüslauküüs, purustatud
2,5 ml/¬Ω teelusikatäis soola
2,5 ml/¬Ω teelusikatäis viie vürtsi pulbrit
4 viilu keedetud sinki
1 lahtiklopitud muna
30 ml/2 spl piima
25 g/1 unts/¬th tassi universaalset jahu
4 munarulli nahka
prae õli

Lõika kana rinnad pooleks. Haki neid, kuni need on väga peeneks. Sega küüslauk, sool ja viie vürtsi pulber ning puista kana peale. Aseta iga kanatüki peale singiviil ja keera tihedalt kokku. Sega muna ja piim. Määri kanatükid kergelt jahuga ja kasta munasegusse. Aseta iga tükk rulli nahale ja pintselda servad lahtiklopitud munaga. Voldi küljed sisse ja rulli, pigista servi tihendamiseks. Kuumuta õli ja prae rulle umbes 5 minutit kuldpruuniks pruunistatud ja küpsetatud. Nõruta majapidamispaberil ja lõika serveerimiseks diagonaalselt paksudeks viiludeks.

Keedetud singi retseptid

Serveerib 4

350 g/12 untsi/3 tassi tavalist jahu (universaalne)

175 g/6 untsi/¬œ tassi võid

120 ml/4 fl untsi/¬Ω tassi vett

225 g / 8 untsi sink, tükeldatud

100 g/4 untsi bambusevõrseid, tükeldatud

2 murulauku (murulauk), hakitud

15 ml/1 spl sojakastet

30 ml/2 spl seesamiseemneid

Pange jahu kaussi ja hõõruge see võiga. Sega vesi taignaks. Rulli tainas lahti ja lõika 5cm/2cm ringideks. Segage kõik ülejäänud koostisosad, välja arvatud seesamiseemned, ja valage need igasse ringi. Pintselda taigna servad veega ja sule. Pintselda väljastpoolt veega ja puista üle seesamiseemnetega. Küpseta eelkuumutatud ahjus 180¬∞C/350¬∞F/gaasimärk 4 30 minutit.

Pseudosuitsu kala

Serveerib 4

1 meriahven

3 viilu ingverijuurt, viilutatud

1 küüslauguküüs, purustatud

1 šalottsibul (sibul), paksult viilutatud

75 ml/5 spl sojakastet

30 ml/2 spl riisiveini või kuiva šerrit

2,5 ml/¬Ω tl jahvatatud aniisi

2,5 ml/¬Ω tl seesamiõli

10 ml/2 tl suhkrut

120 ml/4 fl untsi/¬Ω tassi puljong

prae õli

5 ml/1 tl maisijahu (maisitärklis)

Koorige kala ja lõigake see tera vastu 5 mm (¬° tolli) viiludeks. Segage ingver, küüslauk, murulauk, 60 ml/4 spl sojakastet, šerri, aniisi ja seesamiõli. Vala kalale ja sega õrnalt läbi. Lase seista 2 tundi, aeg-ajalt segades.

Nõruta marinaad pannile ja kuivata kala majapidamispaberil. Lisa suhkur, puljong ja ülejäänud sojakaste marinaad, lase keema tõusta ja keeda 1 minut. Kui kaste pakseneb, sega maisitärklis vähese külma veega, lisa kastmele ja keeda segades, kuni kaste pakseneb.

Vahepeal kuumuta õli ja prae kala kuldpruuniks. Kuivatage hästi. Kasta kalatükid marinaadi ja laota soojale serveerimistaldrikule. Serveeri kuumalt või külmalt.

Hautatud seened

Serveerib 4

12 suurt kübarat kuivatatud seeni
225 g/8 untsi krabiliha
3 vesikastanit, hakitud
2 murulauku (murulauk), peeneks hakitud
1 munavalge
15 ml/1 spl maisijahu (maisitärklis)
15 ml/1 spl sojakastet
15 ml/1 spl riisiveini või kuiva šerrit

Leota seeni üleöö soojas vees. Väänake kuivaks. Sega ülejäänud koostisosad ja kasuta neid seenemütside täitmiseks. Laota taldrikule ja auruta 40 minutit. Serveeri kuumalt.

Seened austrikastmes

Serveerib 4

10 kuivatatud Hiina seeni
250 ml/8 fl untsi/1 tass veiselihapuljongit
15 ml/1 spl maisijahu (maisitärklis)
30 ml/2 spl austrikastet
5 ml/1 tl riisiveini või kuiva šerrit

Leota seeni 30 minutit soojas vees ja nõruta, jättes alles 250 ml/8 fl untsi/1 tassi leotusvedelikku. Visake varred ära. Segage 60 ml/4 spl veiselihapuljongit maisijahuga pastaks. Keeda järelejäänud veiselihapuljong koos seente ja seenevedelikuga, kata kaanega ja hauta 20 minutit. Tõsta seened lusikaga vedelikust välja ja aseta soojale serveerimistaldrikule. Lisa pannile austrikaste ja šerri ning küpseta segades 2 minutit. Lisa maisijahupasta ja kuumuta segades, kuni kaste pakseneb. Vala seentele ja serveeri kohe.

Sealiha ja salatirullid

Serveerib 4

4 kuivatatud hiina seeni

15 ml/1 spl maapähkliõli

225 g/8 untsi lahja sealiha, jahvatatud

100 g/4 untsi bambusevõrseid, tükeldatud

100g vesikastanit, hakitud

4 šalottsibulat (murulauk), hakitud

175 g/6 untsi krabiliha, helbed

30 ml/2 spl riisiveini või kuiva šerrit

15 ml/1 spl sojakastet

10 ml/2 tl austrikastet

10 ml/2 tl seesamiõli

9 hiina lehte

Leota seeni 30 minutit soojas vees ja nõruta. Eemaldage varred ja tükeldage pealsed. Kuumuta õli ja prae sealiha 5 minutit. Lisa seened, bambusevõrsed, vesikastanid, šalottsibul ja krabiliha ning prae 2 minutit. Sega vein või šerri, sojakaste, austrikaste ja seesamiõli ning sega pannile. Eemaldage kuumusest. Vahepeal blanšeeri hiina lehti 1 minut keevas vees ja seejärel äravool. Aseta iga lehe keskele lusikatäied sealihasegu, murra küljed sisse ja rulli serveerimiseks kokku.

Sealiha ja kastani lihapallid

Serveerib 4

450 g/1 nael jahvatatud sealiha (jahvatatud)
50 g seeni, peeneks hakitud
50 g vesikastanit, peeneks hakitud
1 küüslauguküüs, purustatud
1 lahtiklopitud muna
30 ml/2 spl sojakastet
15 ml/1 spl riisiveini või kuiva šerrit
5 ml/1 tl hakitud ingverijuurt
5 ml / 1 tl suhkrut
soola
30 ml/2 spl maisijahu (maisitärklis)
prae õli

Sega kõik koostisosad, välja arvatud maisitärklis, ja vormi segust pallid. Kasta maisijahu sisse. Kuumuta õli ja prae lihapallid umbes 10 minutit kuldpruuniks. Nõruta enne serveerimist hästi.

Sealiha pelmeenid

Serveerib 4, Äì6

450 g/1 nael tavalist jahu (universaalne)

500 ml / 17 fl untsi / 2 tassi vett

450 g/1 naela keedetud sealiha, hakkliha

225 g/8 untsi kooritud krevette, tükeldatud

4 selleripulka, tükeldatud

15 ml/1 spl sojakastet

15 ml/1 spl riisiveini või kuiva šerrit

15 ml/1 spl seesamiõli

5 ml/1 tl soola

2 murulauku (murulauk), peeneks hakitud

2 küüslauguküünt, purustatud

1 viil ingverijuurt, tükeldatud

Sega jahu ja vesi, kuni saad pehme taigna ning sõtku hästi. Katke ja laske 10 minutit puhata. Rulli tainas võimalikult õhukeseks ja lõika 5cm/2cm ringideks. Segage kõik ülejäänud koostisosad. Aseta igale ringile lusikatäied segu, niisuta servad ja sulge poolringiks. Keeda potti vesi ja aseta gnocchi ettevaatlikult vette.

Sea- ja vasikaliha lihapallid

Serveerib 4

100 g/4 untsi sealiha (jahvatatud)
100 g/4 untsi jahvatatud vasikaliha (jahvatatud)
1 viil peekonit, tükeldatud (jahvatatud)
15 ml/1 spl sojakastet
sool ja pipar
1 lahtiklopitud muna
30 ml/2 spl maisijahu (maisitärklis)
prae õli

Sega veisehakkliha ja peekon ning maitsesta soola ja pipraga. Lisa muna, vormi kreeka pähkli suurused pallikesed ja puista peale maisitärklist. Kuumuta õli ja prae kuldpruuniks. Nõruta enne serveerimist hästi.

liblikas krevetid

Serveerib 4

450g suuri kooritud krevette
15 ml/1 spl sojakastet
5 ml/1 tl riisiveini või kuiva šerrit
5 ml/1 tl hakitud ingverijuurt
2,5 ml/¬Ω teelusikatäis soola
2 muna, lahtiklopitud
30 ml/2 spl maisijahu (maisitärklis)
15 ml/1 supilusikatäis tavalist jahu (universaalne)
prae õli

Lõika krevetid pooleks ja aja laiali, et moodustuks liblikas. Sega omavahel sojakaste, vein või šerri, ingver ja sool. Vala krevettidele ja lase 30 minutit marineerida. Eemaldage marinaadist ja kuivatage. Klopi muna maisijahu ja jahuga taignaks ning kasta krevetid segusse. Kuumuta õli ja prae krevetid kuldpruuniks. Nõruta enne serveerimist hästi.

Hiina Kamerun

Serveerib 4

450 g/1 nael kooritud krevette
30 ml/2 spl Worcestershire'i kastet
15 ml/1 spl sojakastet
15 ml/1 spl riisiveini või kuiva šerrit
15 ml/1 spl fariinsuhkrut

Asetage krevetid kaussi. Sega ülejäänud ained, vala krevettidele ja marineeri 30 minutit. Tõsta küpsetusplaadile ja küpseta eelkuumutatud ahjus temperatuuril 150¬∞C/300¬∞F/gaasimärk 2 25 minutit. Serveeri kuumalt või külmalt kestades, et külalised saaksid neid koorida.

Krevettide kreekerid

Serveerib 4

100 g krevettide kreekerid
prae õli

Kuumuta õli väga kuumaks. Lisa ükshaaval peotäis krevettide kreekereid ja prae paar sekundit paisuks. Eemaldage need õlist ja laske majapidamispaberil nõrguda, kuni jätkate küpsiste praadimist.

Krõbedad krevetid

Serveerib 4

450 g kooritud tiigerkrevette
15 ml/1 spl riisiveini või kuiva šerrit
10 ml/2 tl sojakastet
5 ml/1 tl viie vürtsi pulbrit
sool ja pipar
90 ml/6 spl maisijahu (maisitärklis)
2 muna, lahtiklopitud
100 g/4 untsi riivsaia
maapähkliõli praadimiseks

Maitsesta krevetid veini või šerri, sojakastme ja viie vürtsi pulbriga ning maitsesta soola ja pipraga. Kasta need maisijahusse ning kasta lahtiklopitud muna ja riivsaia sisse. Prae neid keevas õlis paar minutit, kuni need on kergelt kuldsed, kurna ja serveeri kohe.

Krevetid ingverikastmega

Serveerib 4

15 ml/1 spl sojakastet
5 ml/1 tl riisiveini või kuiva šerrit
5 ml/1 tl seesamiõli
450 g kooritud krevette
30 ml/2 spl hakitud värsket peterselli
15 ml/1 spl veiniäädikat
5 ml/1 tl hakitud ingverijuurt

Sega omavahel sojakaste, vein või šerri ja seesamiõli. Vala krevettidele, kata kaanega ja marineeri 30 minutit. Grilli krevette mõni minut, kuni need on küpsed, määrides neid marinaadiga. Samal ajal sega krevettidega serveerimiseks kokku petersell, veiniäädikas ja ingver.

Pasta ja krevetirullid

Serveerib 4

50 g/2 untsi munanuudlid, tükkideks purustatud

15 ml/1 spl maapähkliõli

50g/2oz lahja sealiha, peeneks hakitud

100 g/4 untsi seeni, tükeldatud

3 murulauku (murulauk), hakitud

100 g/4 untsi kooritud krevette, tükeldatud

15 ml/1 spl riisiveini või kuiva šerrit

sool ja pipar

24 wontoni nahka

1 lahtiklopitud muna

prae õli

Keeda pasta keevas vees 5 minutit, nõruta ja tükelda. Kuumuta õli ja prae sealiha 4 minutit. Lisa seened ja sibul, prae 2 minutit ja tõsta tulelt. Sega krevetid, vein või šerri ja pasta ning maitsesta soola ja pipraga. Aseta iga wontoni keskele lusikatäied segu ja pintselda servad lahtiklopitud munaga. Keerake servad kokku ja keerake pakendid kokku, sulgedes servad. Kuumuta õli ja prae rullid läbi paar korraga umbes 5 minutit kuldpruuniks. Nõruta majapidamispaberil enne serveerimist.

Krevettide röstsai

Serveerib 4

2 muna 1 nael/1 nael kooritud krevette, tükeldatud
15 ml/1 spl maisijahu (maisitärklis)
1 sibul, peeneks hakitud
30 ml/2 spl sojakastet
15 ml/1 spl riisiveini või kuiva šerrit
5 ml/1 tl soola
5 ml/1 tl hakitud ingverijuurt
8 saiaviilu kolmnurkadeks lõigatud
prae õli

Sega 1 muna kõigi ülejäänud koostisosadega, välja arvatud leib ja õli. Vala segu leivakolmnurkadesse ja suru need kuplikuks. Määri ülejäänud munaga. Kuumuta umbes 5 cm õli ja prae leivakolmnurgad kuldpruuniks. Nõruta enne serveerimist hästi.

Sealiha ja krevettide wontonid magushapu kastmega

Serveerib 4

120 ml/4 fl untsi/¬Ω tassi vett

60 ml/4 spl veiniäädikat

60 ml/4 spl fariinsuhkrut

30 ml/2 spl tomatipüreed (pasta)

10 ml/2 tl maisijahu (maisitärklis)

25 g/1 unts seeni, tükeldatud

25 g/1 unts kooritud krevette, tükeldatud

50g/2oz lahja sealiha, jahvatatud

2 murulauku (murulauk), hakitud

5 ml/1 tl sojakastet

2,5 ml/¬Ω tl riivitud ingverijuurt

1 küüslauguküüs, purustatud

24 wontoni nahka

prae õli

Sega potis vesi, veiniäädikas, suhkur, tomatipüree ja maisijahu. Kuumuta pidevalt segades keemiseni ja keeda 1 minut. Eemaldage kuumusest ja hoidke soojas.

Sega hulka seened, krevetid, sealiha, talisibul, sojakaste, ingver ja küüslauk. Aseta igale nahale lusikatäie täidist, pintselda servad veega ja suru kinni. Kuumuta õli ja prae wontoneid paar kaupa, kuni need on kuldpruunid. Nõruta need majapidamispaberil ja serveeri kuumalt magushapu kastmega.

Kanapuljong

Toodab 2 liitrit/3½ punkti/8½ tassi

1,5 kg keedetud või tooreid kanakonte

450 g / 1 nael sealiha kondid

1 cm/½ tükk ingverijuurt

3 talisibulat (scallions), viilutatud

1 küüslauguküüs, purustatud

5 ml/1 tl soola

2,25 liitrit/4 punkti/10 tassi vett

Kuumuta kõik koostisosad keemiseni, kata kaanega ja keeda 15 minutit. Eemaldage kogu rasv. Katke ja küpseta 1 1/2 tundi. Filtreerige, jahutage ja tühjendage. Külmutage väikestes kogustes või hoidke külmkapis ja tarbige 2 päeva jooksul.

Supp oa võrsete ja sealihaga

Serveerib 4

450 g/1 nael sealiha, kuubikuteks
1,5 l / 2½ punkti / 6 tassi kanapuljongit
5 viilu ingverijuurt
350g/12oz oad
15 ml / 1 spl soola

Blanšeeri sealiha 10 minutit keevas vees ja nõruta. Aja puljong keema ning lisa sealiha ja ingver. Katke ja küpseta 50 minutit. Lisa oad, sool ja küpseta 20 minutit.

Abalone ja seenesupp

Serveerib 4

60 ml/4 spl maapähkliõli (maapähklid).

100 g/4 untsi tailiha, ribadeks lõigatud

225 g/8 untsi konserveeritud abalone, ribadeks lõigatud

100 g seeni, viilutatud

2 sellerivart, viilutatud

50 g ribadeks lõigatud sinki

2 sibulat, viilutatud

1,5 l / 2½ punkti / 6 tassi vett

30 ml/2 spl veiniäädikat

45 ml/3 spl sojakastet

2 viilu ingverijuurt, tükeldatud

soola ja värskelt jahvatatud pipart

15 ml/1 spl maisijahu (maisitärklis)

45 ml/3 supilusikatäit vett

Kuumuta õli ning prae sealiha, abalone, seeni, sellerit, sinki ja sibulat 8 minutit. Lisa vesi ja veiniäädikas, kuumuta keemiseni, kata kaanega ja keeda 20 minutit. Lisa sojakaste, ingver, sool ja pipar. Segage maisijahu, kuni see moodustab pastaga vesi, lisa supile ja keeda segades 5 minutit, kuni supp muutub selgeks ja pakseneb.

Kana ja sparglisupp

Serveerib 4

100 g/4 untsi kana, tükeldatud

2 munavalget

2,5 ml / ½ tl soola

30 ml/2 spl maisijahu (maisitärklis)

225 g/8 untsi spargelit, lõigatud 5 cm/2 tükiks

100 g sojaidusid

1,5 l / 2½ punkti / 6 tassi kanapuljongit

100 g šampinjoni seeni

Sega kana munavalgete, soola ja maisitärklisega ning lase 30 minutit seista. Keeda kana keevas vees umbes 10 minutit, kuni see on keedetud ja nõruta hästi. Blanšeeri spargel 2 minutit keevas vees ja nõruta. Blanšeeri oadud 3 minutit keevas vees ja nõruta. Vala puljong suurde potti ning lisa kana, spargel, seened ja oad. Kuumuta keemiseni ja maitsesta soolaga. Küpseta paar minutit, et maitsed areneksid ja kuni köögiviljad on pehmed, kuid siiski krõmpsud.

Lihasupp

Serveerib 4

225 g/8 untsi veisehakkliha (jahvatatud)

15 ml/1 spl sojakastet

15 ml/1 spl riisiveini või kuiva šerrit

15 ml/1 spl maisijahu (maisitärklis)

1,2 l/2 tk/5 tassi kanapuljongit

5 ml/1 tl tšillikastet

sool ja pipar

2 muna, lahtiklopitud

6 murulauku (murulauk), hakitud

Sega liha sojakastme, veini või šerri ja maisijahuga. Lisa puljongile ja lase aeglaselt segades keema tõusta. Lisa piprakaste ja maitsesta soola ja pipraga, kata kaanega ja küpseta aeg-ajalt segades umbes 10 minutit. Lisa munad ja serveeri murulauguga üle puistatuna.

Hiina veiseliha ja lehesupp

Serveerib 4

200 g tailiha ribadeks lõigatud

15 ml/1 spl sojakastet

15 ml/1 spl maapähkliõli

1,5 l/2½ punkti/6 tassi veiselihapuljongit

5 ml/1 tl soola

2,5 ml / ½ tl suhkrut

½ pea Hiina lehed tükkideks lõigatud

Sega liha sojakastme ja õliga ning lase aeg-ajalt segades 30 minutit marineerida. Aja puljong koos soola ja suhkruga keema, lisa hiina lehed ja keeda umbes 10 minutit peaaegu küpseks. Lisa liha ja pruunista veel 5 minutit.

Kapsasupp

Serveerib 4

60 ml/4 spl maapähkliõli (maapähklid).
2 sibulat, hakitud
100 g/4 untsi tailiha, ribadeks lõigatud
225g/8oz bok choy, tükeldatud
10 ml/2 tl suhkrut
1,2 l/2 tk/5 tassi kanapuljongit
45 ml/3 spl sojakastet
sool ja pipar
15 ml/1 spl maisijahu (maisitärklis)

Kuumuta õli ning prae sibulat ja sealiha kergelt pruunikaks. Lisa kapsas ja suhkur ning prae 5 minutit. Lisa puljong ja sojakaste ning maitsesta soola ja pipraga. Kuumuta keemiseni, kata kaanega ja hauta 20 minutit. Sega maisitärklis vähese veega, lisa supile ja keeda segades, kuni supp on paksenenud ja heledamaks muutunud.

Vürtsikas veiselihasupp

Serveerib 4

45 ml/3 spl maapähkliõli (maapähklid).

1 küüslauguküüs, purustatud

5 ml/1 tl soola

225 g/8 untsi veisehakkliha (jahvatatud)

6 sibulat (murulauk), ribadeks lõigatud

1 punane paprika, lõigatud ribadeks

1 roheline paprika, lõigatud ribadeks

225 g/8 untsi kaelusroheline, tükeldatud

1 l/1¾ punkti/4¼ tassi veiselihapuljongit

30 ml/2 spl ploomikastet

30 ml/2 spl hoisin kastet

45 ml/3 spl sojakastet

2 tükki hakitud ingverivart

2 muna

5 ml/1 tl seesamiõli

225 g lahjat pastat, leotatud

Kuumuta oliiviõli ning prae küüslauku ja soola kergelt pruunikaks. Lisa liha ja pruunista kiiresti. Lisa köögiviljad ja prae läbipaistvaks. Lisa puljong, ploomikaste, hoisin kaste, 30 ml/2

supilusikatäit sojakastet ja ingverit, lase keema tõusta ja keeda 10 minutit. Klopi munad seesamiõli ja ülejäänud sojakastmega lahti. Lisa see koos tagliatellega supile ja küpseta segades, kuni munad moodustavad nöörid ja tagliatelle on pehme.

Taevalik supp

Serveerib 4

2 murulauku (murulauk), hakitud

1 küüslauguküüs, purustatud

30 ml/2 spl hakitud värsket peterselli

5 ml/1 tl soola

15 ml/1 spl maapähkliõli

30 ml/2 spl sojakastet

1,5 l / 2½ punkti / 6 tassi vett

Sega juurde murulauk, küüslauk, petersell, sool, õli ja sojakaste. Aja vesi keema, vala peale murulauk segu ja lase 3 minutit puhata.

Kana ja bambusesupp

Serveerib 4

2 kana reied
30 ml/2 spl maapähkliõli (maapähklid)
5 ml/1 tl riisiveini või kuiva šerrit
1,5 l / 2½ punkti / 6 tassi kanapuljongit
3 murulauku, viilutatud
100 g/4 untsi tükkideks lõigatud bambusevõrseid
5 ml/1 tl hakitud ingverijuurt
soola

Eemalda kana luudest ja lõika liha tükkideks. Kuumuta õli ja prae kanaliha igast küljest kinni. Lisa puljong, šalottsibul, bambusevõrsed ja ingver, kuumuta keemiseni ja keeda umbes 20 minutit, kuni kana on pehme. Enne serveerimist maitsesta soolaga.

Kana-maisisupp

Serveerib 4

1 l/1¾ punkti/4¼ tassi kanapuljongit
100 g/4 untsi kana, tükeldatud
200 g/7 untsi suhkrumaisi koort
singiviil, tükeldatud
lahtiklopitud munad
15 ml/1 spl riisiveini või kuiva šerrit

Lase puljong ja kana keema, kata kaanega ja hauta 15 minutit. Lisa mais ja sink, kata ja küpseta 5 minutit. Lisa munad ja šerri, segades aeglaselt söögipulgaga, et munadest tekiks kiud. Eemaldage tulelt, katke ja laske enne serveerimist 3 minutit puhata.

Kana ja ingveri supp

Serveerib 4

4 kuivatatud hiina seeni
1,5 l / 2½ punkti / 6 tassi vett või kanapuljongit
225g/8oz kanaliha, kuubikuteks
10 viilu ingverijuurt
5 ml/1 tl riisiveini või kuiva šerrit
soola

Leota seeni 30 minutit soojas vees ja nõruta. Visake varred ära. Aja vesi või puljong koos teiste ainetega keema ja hauta umbes 20 minutit, kuni kana on küps.

Kanasupp hiina seentega

Serveerib 4

25 g/1 unts kuivatatud hiina seeni
100 g/4 untsi kana, tükeldatud
50 g/2 untsi bambusevõrseid, tükeldatud
30 ml/2 spl sojakastet
30 ml/2 spl riisiveini või kuiva šerrit
1,2 l/2 tk/5 tassi kanapuljongit

Leota seeni 30 minutit soojas vees ja nõruta. Eemaldage varred ja lõigake pealsed. Blanšeeri seeni, kana ja bambusevõrseid 30 sekundit keevas vees ja nõruta. Asetage need kaussi ja lisage sojakaste ja vein või šerri. Lase 1 tund marineerida. Aja puljong keema, lisa kanasegu ja marinaad. Sega korralikult läbi ja küpseta paar minutit, kuni kana on küps.

Kana-riisisupp

Serveerib 4

1 l/1¾ punkti/4¼ tassi kanapuljongit
225 g/8 untsi/1 tass keedetud pikateralist riisi
100 g/4 untsi keedetud kana, lõigatud ribadeks
1 sibul, viiludeks lõigatud
5 ml/1 tl sojakastet

Kuumuta kõik koostisosad õrnalt kuumaks, laskmata supil keema.

Kana ja kookosesupp

Serveerib 4

350g/12oz kanarind

soola

10 ml/2 tl maisijahu (maisitärklis)

30 ml/2 spl maapähkliõli (maapähklid)

1 roheline paprika, tükeldatud

1 l/1¾ punkti/4¼ tassi kookospiima

5 ml/1 tl riivitud sidrunikoort

12 litši

näputäis riivitud muskaatpähklit

soola ja värskelt jahvatatud pipart

2 sidrunmelissi lehte

Lõika kanarind diagonaalselt piki tera ribadeks. Puista peale soola ja kata maisijahuga. Kuumuta vokkpannil 10 ml/2 tl õli, keeruta ja vala. Korrake veel üks kord. Kuumuta ülejäänud õli ning prae kana ja pipart 1 minut. Lisa kookospiim ja kuumuta keemiseni. Lisa sidrunikoor ja küpseta 5 minutit. Lisa litšid, maitsesta muskaatpähkli, soola ja pipraga ning serveeri sidrunmelissiga.

Karpide supp

Serveerib 4

2 kuivatatud hiina seeni
12 merekarpi leotatud ja pestud
1,5 l / 2½ punkti / 6 tassi kanapuljongit
50 g/2 untsi bambusevõrseid, tükeldatud
50g/2oz lumeherneid, pooleks lõigatud
2 rõngasteks lõigatud sibulat (sibulat).
15 ml/1 spl riisiveini või kuiva šerrit
näputäis värskelt jahvatatud pipart

Leota seeni 30 minutit soojas vees ja nõruta. Eemaldage varred ja lõigake pealsed pooleks. Aurutage karbid umbes 5 minutit, kuni need avanevad; visake need, mis jäävad suletuks. Eemaldage karbid koorest. Aja puljong keema ja lisa seened, bambusevõrsed, lumeherned ja šalottsibul. Küpseta kaaneta 2 minutit. Lisage karbid, vein või šerri, pipar ja küpseta, kuni see on hästi valmis.

Munasupp

Serveerib 4

1,2 l/2 tk/5 tassi kanapuljongit
3 lahtiklopitud muna
45 ml/3 spl sojakastet
soola ja värskelt jahvatatud pipart
4 talisibulat (scallions), viilutatud

Aja puljong keema. Lisa vähehaaval lahtiklopitud munad, nii et need eralduksid kiududeks. Lisa sojakaste ja maitsesta soola ja pipraga. Serveeri murulaukuga.

Krabi- ja kammkarbisupp

Serveerib 4

4 kuivatatud hiina seeni

15 ml/1 spl maapähkliõli

1 lahtiklopitud muna

1,5 l / 2½ punkti / 6 tassi kanapuljongit

175 g/6 untsi krabiliha, helbed

100 g kooritud kammkarpe, lõigatud viiludeks

100 g/4 untsi bambusevõrseid, viilutatud

2 murulauku (murulauk), hakitud

1 viil ingverijuurt, tükeldatud

mõned keedetud ja kooritud krevetid (valikuline)

45 ml/3 spl maisijahu (maisitärklis)

90 ml/6 supilusikatäit vett

30 ml/2 spl riisiveini või kuiva šerrit

20 ml/4 tl sojakastet

2 munavalget

Leota seeni 30 minutit soojas vees ja nõruta. Eemalda varred ja lõika pealt õhukesteks viiludeks. Kuumuta õli, lisa muna ja kalluta panni nii, et muna kataks põhja. Küpseta kuni seejärel keerake see ümber ja küpsetage teiselt poolt. Eemalda pannilt, rulli kokku ja lõika õhukesteks ribadeks.

Aja puljong keema, lisa seened, munaribad, krabiliha, kammkarbid, bambusevõrsed, talisibul, ingver ja krevetid, kui kasutad. Kuumuta uuesti keemiseni. Sega maisitärklis 60ml/4 spl vee, veini või šerri ja sojakastmega ning sega supi sisse. Keeda segades, kuni supp pakseneb. Vahusta munavalged ülejäänud veega ja vala segu aeglaselt supi sisse, segades intensiivselt.

Krabisupp

Serveerib 4

90 ml/6 spl maapähkliõli
3 sibulat, hakitud
225 g/8 untsi valget ja pruuni krabiliha
1 viil ingverijuurt, tükeldatud
1,2 l/2 tk/5 tassi kanapuljongit
150 ml/¼ pt/tass riisiveini või kuiva šerrit
45 ml/3 spl sojakastet
soola ja värskelt jahvatatud pipart

Kuumuta õli ja prae sibulad pehmeks, kuid mitte pruuniks. Lisa krabiliha ja ingver ning prae 5 minutit. Lisa puljong, vein või šerri ja sojakaste, maitsesta soola ja pipraga. Kuumuta keemiseni ja keeda siis 5 minutit.

Kalasupp

Serveerib 4

225 g kalafileed

1 viil ingverijuurt, tükeldatud

15 ml/1 spl riisiveini või kuiva šerrit

30 ml/2 spl maapähkliõli (maapähklid)

1,5 l/2½ punkti/6 tassi kalapuljongit

Lõika kala vastu tera õhukesteks ribadeks. Sega ingver, vein või šerri ja õli, lisa kala ja sega õrnalt läbi. Lase aeg-ajalt segades 30 minutit marineerida. Kuumuta puljong keemiseni, lisa kala ja keeda aeglaselt 3 minutit.

Kala-salatisupp

Serveerib 4

225 g valget kalafileed
30 ml/2 supilusikatäit tavalist jahu (universaalne)
soola ja värskelt jahvatatud pipart
90 ml/6 spl maapähkliõli
6 talisibulat (scallions), viilutatud
100 g/4 untsi salatit, tükeldatud
1,2 l / 2 punkti / 5 tassi vett
10 ml/2 tl peeneks hakitud ingverijuurt
150 ml/¼ pt/½ tassi rikkalikku riisiveini või kuiva šerrit
30 ml/2 spl maisijahu (maisitärklis)
30 ml/2 spl hakitud värsket peterselli
10 ml/2 tl sidrunimahla
30 ml/2 spl sojakastet

Lõika kala õhukesteks ribadeks ja kasta maitsestatud jahusse. Kuumuta õli ja prae talisibul pehmeks. Lisa salat ja prae 2 minutit. Lisa kala ja küpseta 4 minutit. Lisa vesi, ingver ja vein või šerri, kuumuta keemiseni, kata kaanega ja keeda 5 minutit. Sega maisijahu vähese veega ja lisa supile. Küpseta segades veel 4 minutit, kuni see muutub supiseks puhasta ja maitsesta soola ja pipraga. Serveeri peterselli, sidrunimahla ja sojakastmega üle puistatuna.

Ingverisupp pelmeenidega

Serveerib 4

5 cm/2 tolli tükid, riivitud ingverijuur

350 g / 12 untsi pruuni suhkrut

1,5 l / 2½ punkti / 7 tassi vett

225 g/8 untsi/2 tassi riisijahu

2,5 ml / ½ tl soola

60 ml/4 spl vett

Pane ingver, suhkur ja vesi kastrulisse ning kuumuta segades. Katke ja küpseta umbes 20 minutit. Kurna supp ja pane pannile tagasi.

Vahepeal pane kaussi jahu ja sool ning sega vähehaaval täpselt nii palju vett, et saada paks tainas. Vormi pallid ja aseta pelmeenid supi sisse. Kuumuta supp uuesti keemiseni, kata kaanega ja keeda veel 6 minutit, kuni pelmeenid on küpsed.

Kuum ja hapukas supp

Serveerib 4

8 kuivatatud hiina seeni
1 l/1¾ punkti/4¼ tassi kanapuljongit
100 g/4 untsi kana, lõigatud ribadeks
100 g/4 untsi ribadeks lõigatud bambusevõrseid
100 g/4 untsi tofut, ribadeks lõigatud
15 ml/1 spl sojakastet
30 ml/2 spl veiniäädikat
30 ml/2 spl maisijahu (maisitärklis)
2 muna, lahtiklopitud
paar tilka seesamiõli

Leota seeni 30 minutit soojas vees ja nõruta. Eemaldage varred ja lõigake pealmine osa ribadeks. Kuumuta seened, puljong, kana, bambusevõrsed ja tofu keemiseni, kata kaanega ja keeda 10 minutit. Sega sojakaste, veiniäädikas ja maisitärklis ühtlaseks pastaks, lisa supile ja keeda 2 minutit, kuni supp on läbipaistev. Lisa aeglaselt söögipulgaga segades munad ja seesamiõli. Katke ja laske enne serveerimist 2 minutit puhata.

Seenesupp

Serveerib 4

15 kuivatatud Hiina seeni
1,5 l / 2½ punkti / 6 tassi kanapuljongit
5 ml/1 tl soola

Leota seeni 30 minutit soojas vees ja nõruta, jättes vedeliku alles. Eemaldage varred ja lõigake pealsed pooleks, kui need on suured, ja asetage suurde kuumakindlasse kaussi. Asetage kauss auruti restile. Aja puljong keema, vala seentele, kata kaanega ja auruta 1 tund keevas vees. Maitsesta maitse järgi soolaga ja serveeri.

Seene- ja kapsasupp

Serveerib 4

25 g/1 unts kuivatatud hiina seeni
15 ml/1 spl maapähkliõli
50g/2oz Hiina lehti, tükeldatud
15 ml/1 spl riisiveini või kuiva šerrit
15 ml/1 spl sojakastet
1,2 l / 2 tükki / 5 tassi kana- või köögiviljapuljongit
soola ja värskelt jahvatatud pipart
5 ml/1 tl seesamiõli

Leota seeni 30 minutit soojas vees ja nõruta. Eemaldage varred ja lõigake pealsed. Kuumuta õli ning prae seeni ja hiina lehti 2 minutit, kuni need on hästi kaetud. Lisa vein või šerri ja sojakaste ning lisa puljong. Kuumuta keemiseni, maitsesta soola ja pipraga ning keeda 5 minutit. Enne serveerimist piserdage seesamiõliga.

Muna ja seenesupp

Serveerib 4

1 l/1¾ punkti/4¼ tassi kanapuljongit
30 ml/2 spl maisijahu (maisitärklis)
100 g seeni, viilutatud
1 sibul, viilutatud, peeneks hakitud
näputäis soola
3 tilka seesamiõli
2,5 ml/½ tl sojakastet
1 lahtiklopitud muna

Sega veidi puljongit maisijahuga, seejärel sega hulka kõik koostisosad peale muna. Kuumuta keemiseni, kata ja keeda 5 minutit. Lisa muna, sega söögipulgaga nii, et muna moodustaks nöörid. Eemaldage tulelt ja laske enne serveerimist 2 minutit puhata.

Seene- ja vesikastanisupp

Serveerib 4

1 l/1¾ tk/4¼ tassi köögiviljapuljongit või vett

2 sibulat, peeneks hakitud

5 ml/1 tl riisiveini või kuiva šerrit

30 ml/2 spl sojakastet

225 g šampinjoni seeni

100 g vesikastanit, viilutatud

100 g/4 untsi bambusevõrseid, viilutatud

paar tilka seesamiõli

2 salatilehte, lõigatud tükkideks

2 sibulat (murulauk), tükkideks lõigatud

Kuumuta vesi, sibul, vein või šerri ja sojakaste keemiseni, kata kaanega ja hauta 10 minutit. Lisa seened, vesikastanid ja bambusevõrsed, kata kaanega ja küpseta 5 minutit. Lisa seesamiõli, salatilehed ja murulauk, tõsta tulelt, kata ja lase enne serveerimist 1 minut puhata.

Sealiha ja seenesupp

Serveerib 4

60 ml/4 spl maapähkliõli (maapähklid).
1 küüslauguküüs, purustatud
2 sibulat, viilutatud
225 g/8 untsi lahja sealiha, ribadeks lõigatud
1 varsseller, tükeldatud
50 g/2 untsi seeni, viilutatud
2 porgandit, viilutatud
1,2 l / 2 tükki / 5 tassi veiselihapuljongit
15 ml/1 spl sojakastet
soola ja värskelt jahvatatud pipart
15 ml/1 spl maisijahu (maisitärklis)

Kuumuta oliiviõli ja prae küüslauku, sibulat ja sealiha, kuni sibul on pehme ja kergelt pruunistunud. Lisa seller, seened ja porgandid, kata kaanega ja küpseta aeglaselt 10 minutit.
Kuumuta puljong keemiseni, lisa koos sojakastmega pannile ning maitsesta soola ja pipraga. Sega maisijahu vähese veega, vala seejärel pannile ja küpseta segades umbes 5 minutit.

Sealiha ja kressisupp

Serveerib 4

1,5 l / 2½ punkti / 6 tassi kanapuljongit
100 g/4 untsi tailiha, ribadeks lõigatud
3 selleripulka, lõigatud diagonaalselt
2 talisibulat (scallions), viilutatud
1 hunnik kressi
5 ml/1 tl soola

Kuumuta puljong keemiseni, lisa sealiha ja seller, kata kaanega ja hauta 15 minutit. Lisa kevadised sibulad, kress ja sool ning küpseta ilma kaaneta umbes 4 minutit.

Sealiha ja kurgi supp

Serveerib 4

100 g/4 untsi lahja sealiha, õhukeselt viilutatud
5 ml/1 tl maisijahu (maisitärklis)
15 ml/1 spl sojakastet
15 ml/1 spl riisiveini või kuiva šerrit
1 kurk
1,5 l / 2½ punkti / 6 tassi kanapuljongit
5 ml/1 tl soola

Sega hulka sealiha, maisijahu, sojakaste ja vein või šerri. Viska sealiha katteks. Koori kurk ja lõika pikuti pooleks ning eemalda seemned. Lõika paksudeks viiludeks. Kuumuta puljong keemiseni, lisa sealiha, kata kaanega ja hauta 10 minutit. Lisa kurk ja küpseta paar minutit, kuni see muutub läbipaistvaks. Maitsesta soolaga ja soovi korral lisa veel veidi sojakastet.

Supp lihapallide ja tagliatellega

Serveerib 4

50 g riisinuudleid

225 g/8 untsi sealiha (jahvatatud)

5 ml/1 tl maisijahu (maisitärklis)

2,5 ml / ½ tl soola

30 ml/2 supilusikatäit vett

1,5 l / 2½ punkti / 6 tassi kanapuljongit

1 murulauk (murulauk), peeneks hakitud

5 ml/1 tl sojakastet

Aseta pasta lihapallide valmistamise ajaks külma vette imbuma. Sega sealiha, maisijahu, veidi soola ja vett ning veereta kreeka pähkli suurusteks pallideks. Aja pott vesi keema, lisa sealihapelmeenid, kata kaanega ja keeda 5 minutit. Nõruta korralikult ja nõruta pasta. Kuumuta puljong keemiseni, lisa lihapallid ja tagliatelle, kata kaanega ja keeda 5 minutit. Lisa šalottsibul, sojakaste ja ülejäänud sool ning küpseta veel 2 minutit.

Spinati ja tofu supp

Serveerib 4

1,2 l/2 tk/5 tassi kanapuljongit
200g konservtomateid, nõrutatud ja tükeldatud
225 g/8 untsi tofut, kuubikuteks
225 g/8 untsi spinatit, tükeldatud
30 ml/2 spl sojakastet
5 ml/1 tl fariinsuhkrut
soola ja värskelt jahvatatud pipart

Kuumuta puljong keemiseni, lisa tomatid, tofu ja spinat ning sega õrnalt. Tõsta tagasi tulele ja küpseta 5 minutit. Lisa sojakaste ja suhkur ning maitsesta soola ja pipraga. Enne serveerimist küpseta 1 minut.

Maisi-krabisupp

Serveerib 4

1,2 l/2 tk/5 tassi kanapuljongit
200 g/7 untsi suhkrumais
soola ja värskelt jahvatatud pipart
1 lahtiklopitud muna
200 g krabiliha, helbed
3 šalottsibulat, hakitud

Aja puljong keema, lisa soola ja pipraga maitsestatud suhkrumais. Hauta 5 minutit. Vahetult enne serveerimist vala kahvliga sisse munad ja sega need supi hulka. Serveeri peale puistatuna krabiliha ja hakitud šalottsibulat.

Sichuani supp

Serveerib 4

4 kuivatatud hiina seeni

1,5 l / 2½ punkti / 6 tassi kanapuljongit

75 ml/5 spl kuiva valget veini

15 ml/1 spl sojakastet

2,5 ml/½ tl kuuma kastet

30 ml/2 spl maisijahu (maisitärklis)

60 ml/4 spl vett

100 g/4 untsi tailiha, ribadeks lõigatud

50 g ribadeks lõigatud keedetud sinki

1 punane paprika, lõigatud ribadeks

50 g/2 untsi vesikastaneid, viilutatud

10 ml/2 tl veiniäädikat

5 ml/1 tl seesamiõli

1 lahtiklopitud muna

100 g/4 untsi kooritud krevette

6 murulauku (murulauk), hakitud

175 g/6 untsi tofut, kuubikuteks

Leota seeni 30 minutit soojas vees ja nõruta. Eemaldage varred ja lõigake pealsed. Tooge puljong, vein, soja kaste ja tšillikaste keemiseni, katke kaanega ja keetke 5 minutit. Sega maisijahu poole veega ja lisa supile, sega kuni supp pakseneb. Lisa seened, sealiha, sink, pipar ja vesikastanid ning küpseta 5 minutit. Lisa veiniäädikas ja seesamiõli. Klopi muna ülejäänud veega lahti ja lisa see intensiivselt segades supile. Lisa krevetid, talisibul ja tofu ning kuumuta paar minutit läbi.

Tofu supp

Serveerib 4

1,5 l / 2½ punkti / 6 tassi kanapuljongit
225 g/8 untsi tofut, kuubikuteks
5 ml/1 tl soola
5 ml/1 tl sojakastet

Aja puljong keema ja lisa tofu, sool ja sojakaste. Küpseta paar minutit, kuni tofu on korralikult kuumenenud.

Tofu ja kalasupp

Serveerib 4

225 g/8 untsi valge kalafilee, ribadeks lõigatud

150 ml/¼ pt/½ tassi rikkalikku riisiveini või kuiva šerrit

10 ml/2 tl peeneks hakitud ingverijuurt

45 ml/3 spl sojakastet

2,5 ml / ½ tl soola

60 ml/4 spl maapähkliõli (maapähklid).

2 sibulat, hakitud

100 g seeni, viilutatud

1,2 l/2 tk/5 tassi kanapuljongit

100 g/4 untsi tofut, kuubikutena

soola ja värskelt jahvatatud pipart

Asetage kala kaussi. Sega vein või šerri, ingver, sojakaste ja sool ning vala kalale. Lase 30 minutit marineerida. Kuumuta õli ja prae sibulat 2 minutit. Lisa seened ja jätka praadimist, kuni sibul on pehme, kuid mitte pruunistunud. Lisa kala ja marinaad, kuumuta keemiseni, kata kaanega ja küpseta 5 minutit. Lisa puljong, lase keema tõusta, kata kaanega ja hauta 15 minutit. Lisa tofu ja maitsesta soola ja pipraga. Küpseta, kuni tofu on küps.

Tomatisupp

Serveerib 4

400g konservtomateid, nõrutatud ja tükeldatud
1,2 1/2 tk/5 tassi kanapuljongit
1 viil ingverijuurt, tükeldatud
15 ml/1 spl sojakastet
15 ml/1 spl tšillikastet
10 ml/2 tl suhkrut

Pane kõik koostisosad pannile ja kuumuta aeglaselt, aeg-ajalt segades. Enne serveerimist küpseta umbes 10 minutit.

Tomati ja spinati supp

Serveerib 4

1,2 l/2 tk/5 tassi kanapuljongit

225 g/8 untsi konserveeritud kooritud tomateid

225 g/8 untsi tofut, kuubikuteks

225 g / 8 untsi spinatit

30 ml/2 spl sojakastet

soola ja värskelt jahvatatud pipart

2,5 ml / ½ tl suhkrut

2,5 ml/½ tl riisiveini või kuiva šerrit

Kuumuta puljong keemiseni, seejärel lisa tomatid, tofu ja spinat ning keeda 2 minutit. Lisa ülejäänud koostisosad ja küpseta 2 minutit, sega korralikult läbi ja serveeri.

Naeris supp

Serveerib 4

1 l/1¾ punkti/4¼ tassi kanapuljongit
1 suur naeris õhukeselt viilutatud
200 g/7 untsi lahja sealiha, õhukeseks viilutatud
15 ml/1 spl sojakastet
60 ml/4 spl brändit
soola ja värskelt jahvatatud pipart
4 šalottsibulat, peeneks hakitud

Kuumuta puljong keemiseni, lisa kaalikas ja sealiha, kata kaanega ja hauta 20 minutit, kuni kaalikas on pehme ja liha hästi küpsenud. Lisa maitse järgi sojakastet ja brändit. Küpseta kuni kuumaks puistatakse šalottsibul.

Pottage

Serveerib 4

6 kuivatatud hiina seeni
1 l/1¾ tk/4¼ tassi köögiviljapuljongit
50 g/2 untsi ribadeks lõigatud bambusevõrseid
50 g/2 untsi vesikastaneid, viilutatud
8 lumehernest (mangetaways), viilutatud
5 ml/1 tl sojakastet

Leota seeni 30 minutit soojas vees ja nõruta. Eemaldage varred ja lõigake pealmine osa ribadeks. Lisa need puljongile koos bambusevõrsete ja vesikastanitega ning kuumuta keemiseni, kata kaanega ja keeda 10 minutit. Lisa lumeherned ja sojakaste, kata kaanega ja küpseta 2 minutit. Lase enne serveerimist 2 minutit puhata.

Taimetoidusupp

Serveerib 4

¼ *valget kapsast*

2 porgandit

3 varssellerit

2 kevadsibulat (murulauk)

30 ml/2 spl maapähkliõli (maapähklid)

1,5 l / 2½ punkti / 6 tassi vett

15 ml/1 spl sojakastet

15 ml/1 spl riisiveini või kuiva šerrit

5 ml/1 tl soola

värskelt jahvatatud pipar

Lõika köögiviljad ribadeks. Kuumuta õli ja prae köögivilju 2 minutit, kuni need hakkavad pehmenema. Lisage ülejäänud koostisosad, laske keema tõusta, katke kaanega ja keetke 15 minutit.

Kressisupp

Serveerib 4

1 l/1¾ punkti/4¼ tassi kanapuljongit
1 sibul, peeneks hakitud
1 varsseller, peeneks hakitud
225 g/8 untsi kressi, jämedalt tükeldatud
soola ja värskelt jahvatatud pipart

Kuumuta puljong, sibul ja seller keemiseni, kata kaanega ja hauta 15 minutit. Lisa kress, kata kaanega ja küpseta 5 minutit. Maitsesta soola ja pipraga.

Praetud kala köögiviljadega

Serveerib 4

4 kuivatatud hiina seeni
4 tervet kala, puhastatud ja kooritud
prae õli
30 ml/2 spl maisijahu (maisitärklis)
45 ml/3 spl maapähkliõli (maapähklid).
100 g/4 untsi ribadeks lõigatud bambusevõrseid
50 g vesikastaneid, lõigatud ribadeks
50g/2oz bok choy, tükeldatud
2 viilu ingverijuurt, tükeldatud
30 ml/2 spl riisiveini või kuiva šerrit
30 ml/2 supilusikatäit vett
15 ml/1 spl sojakastet
5 ml / 1 tl suhkrut
120 ml/4 fl untsi/¬Ω tassi kalapuljongit
soola ja värskelt jahvatatud pipart
¬Ω tükkideks lõigatud salatipea
15 ml/1 spl hakitud peterselli

Leota seeni 30 minutit soojas vees ja nõruta. Eemaldage varred ja lõigake pealsed. Piserdage kala pooleldi maisijahu ja raputa üleliigne maha. Kuumuta õli ja prae kala umbes 12 minutit, kuni see on küpsenud. Nõruta majapidamispaberil ja hoia soojas.

Kuumuta oliiviõli ja prae seeni, bambusevõrseid, vesikastanit ja kapsast 3 minutit. Lisage ingver, vein või šerri, 15 ml/1 spl vett, sojakaste ja suhkur ning hautage 1 minut. Lisa puljong, sool ja pipar, kuumuta keemiseni, kata kaanega ja keeda 3 minutit. Sega maisitärklis ülejäänud veega, lisa pannile ja küpseta segades, kuni kaste on paksenenud. Laota salat serveerimistaldrikule ja lao peale kala. Vala peale köögiviljad ja kaste ning serveeri peterselliga kaunistatud.

Röstitud terve kala

Serveerib 4

1 suur meriahven vms kala
45 ml/3 spl maisijahu (maisitärklis)
45 ml/3 spl maapähkliõli (maapähklid).
1 sibul hakitud
2 küüslauguküünt, purustatud
50 g ribadeks lõigatud sinki
100 g/4 untsi kooritud krevette
15 ml/1 spl sojakastet
15 ml/1 spl riisiveini või kuiva šerrit
5 ml / 1 tl suhkrut
5 ml/1 tl soola

Katke kala maisijahuga. Kuumuta õli ning prae sibul ja küüslauk kergelt pruunikaks. Lisa kala ja prae mõlemalt poolt kuldpruuniks. Tõsta kala ahjuvormi fooliumilehele ning tõsta peale sink ja krevetid. Lisa pannile sojakaste, vein või šerri, suhkur ja sool ning sega korralikult läbi. Vala kalale, kata pealt toidukilega ja küpseta eelsoojendatud ahjus 150¬∞C/300¬∞F/gaasmark 2 20 minutit.

Hautatud sojakala

Serveerib 4

1 suur meriahven vms kala
soola
50 g/2 untsi/¬Ω tassi tavalist jahu (universaalne)
60 ml/4 spl maapähkliõli (maapähklid).
3 viilu ingverijuurt, tükeldatud
3 murulauku (murulauk), hakitud
250 ml/8 fl untsi/1 tass vett
45 ml/3 spl sojakastet
15 ml/1 spl riisiveini või kuiva šerrit
2,5 ml/¬Ω teelusikatäis suhkrut

Puhastage kala ja koorige see mõlemalt küljelt diagonaalselt. Puista peale soola ja lase 10 minutit seista. Kuumuta õli ja prae kala mõlemalt poolt kuldseks, keerake üks kord ja määrige küpsemise ajal õliga. Lisa ingver, šalottsibul, vesi, sojakaste, vein või šerri ja suhkur, kuumuta keemiseni, kata kaanega ja hauta 20 minutit, kuni kala on küps. Serveeri kuumalt või külmalt.

Sojakala austrikastmega

Serveerib 4

1 suur meriahven vms kala
soola
60 ml/4 spl maapähkliõli (maapähklid).
3 murulauku (murulauk), hakitud
2 viilu ingverijuurt, tükeldatud
1 küüslauguküüs, purustatud
45 ml/3 spl austrikastet
30 ml/2 spl sojakastet
5 ml / 1 tl suhkrut
250 ml/8 fl untsi/1 tass kalapuljongit

Puhastage ja koorige kala ning lõigake diagonaalselt paar korda mõlemalt poolt. Puista peale soola ja lase 10 minutit seista. Kuumuta suurem osa õlist ja prae kala ühe korra keerates mõlemalt poolt kuldpruuniks. Samal ajal kuumuta eraldi pannil ülejäänud õli ning prae talisibul, ingver ja küüslauk kuldpruuniks. Lisa austrikaste, sojakaste ja suhkur ning prae 1 minut. Lisa puljong ja kuumuta keemiseni. Vala segu kuldkalale, kuumuta uuesti keemiseni, kata kaanega ja küpseta u.

15 minutit, kuni kala on küpsenud, keerates seda küpsetamise ajal üks või kaks korda.

Keedetud meriahven

Serveerib 4

1 suur meriahven vms kala
2,25 l/4 punkti/10 tassi vett
3 viilu ingverijuurt, tükeldatud
15 ml / 1 spl soola
15 ml/1 spl riisiveini või kuiva šerrit
30 ml/2 spl maapähkliõli (maapähklid)

Puhastage kala, koorige ja lõigake mõlemad pooled mitu korda diagonaalselt läbi. Aja vesi suures potis keema ja lisa ülejäänud koostisosad. Kastke kala vette, katke tihedalt kinni, keerake kuumus maha ja laske 30 minutit puhata, kuni kala on küps.

Küpsetatud kala seentega

Serveerib 4

4 kuivatatud hiina seeni
1 suur karpkala vms kala
soola
45 ml/3 spl maapähkliõli (maapähklid).
2 murulauku (murulauk), hakitud
1 viil ingverijuurt, tükeldatud
3 küüslauguküünt, purustatud
100 g/4 untsi ribadeks lõigatud bambusevõrseid
250 ml/8 fl untsi/1 tass kalapuljongit
30 ml/2 spl sojakastet
15 ml/1 spl riisiveini või kuiva šerrit
2,5 ml/¬Ω teelusikatäis suhkrut

Leota seeni 30 minutit soojas vees ja nõruta. Eemaldage varred ja lõigake pealsed. Lõika kala paar korda diagonaalselt mõlemalt poolt, puista peale soola ja lase 10 minutit seista. Kuumuta õli ja prae kala mõlemalt poolt kergelt pruuniks. Lisa kevadised sibulad, ingver ja küüslauk ning prae 2 minutit. Lisa ülejäänud koostisosad, kuumuta keemiseni ja kata ja küpseta 15 minutit, kuni kala on küps, keerake üks või kaks korda ja segage aeg-ajalt.

Magushapu kala

Serveerib 4

1 suur meriahven vms kala
1 lahtiklopitud muna
50 g maisijahu (maisitärklis)
prae õli

Kastme jaoks:

15 ml/1 spl maapähkliõli
1 roheline paprika, lõigatud ribadeks
100 g ananassitükke siirupis
1 sibul, viiludeks lõigatud
100 g/4 untsi/¬Ω tassi pruuni suhkrut
60 ml/4 spl kanapuljongit
60 ml/4 spl veiniäädikat
15 ml/1 spl tomatipüree (pasta)
15 ml/1 spl maisijahu (maisitärklis)
15 ml/1 spl sojakastet
3 murulauku (murulauk), hakitud

Puhastage kala ning eemaldage soovi korral uimed ja pea. Kasta see lahtiklopitud munasse ja seejärel maisijahusse. Kuumuta õli ja prae kala kuldpruuniks. Nõruta hästi ja hoia soojas.

Kastme valmistamiseks kuumuta oliiviõli ning prae pipart, nõrutatud ananassi ja sibulat 4 minutit. Lisa 30ml/2 spl ananassiirupit, suhkur, puljong, veiniäädikas, tomatipüree, maisijahu ja sojakaste ning kuumuta segades keemiseni. Küpseta segades, kuni kaste muutub heledamaks ja paksemaks. Vala kalale ja serveeri murulauguga üle puistatud.

Sealihaga täidetud kala

Serveerib 4

1 suur karpkala vms kala

soola

100 g/4 untsi sealiha (jahvatatud)

1 murulauk (murulauk), hakitud

4 viilu ingverijuurt, tükeldatud

15 ml/1 spl maisijahu (maisitärklis)

60 ml/4 spl sojakastet

15 ml/1 spl riisiveini või kuiva šerrit

5 ml / 1 tl suhkrut

75 ml/5 spl maapähkliõli (maapähklid).

2 küüslauguküünt, purustatud

1 sibul, viilutatud

300 ml/¬Ω pt/1¬ndik klaasi vett

Puhasta ja koori kala ning puista peale soola. Sega omavahel sealiha, murulauk, veidi ingverit, maisijahu, 15 ml/1 tl. sojakastet, veini või šerrit ja suhkrut ning kasutage kala täitmiseks. Kuumuta õli ja prae kala mõlemalt poolt kuldpruuniks, eemalda pannilt ja nõruta suurem osa õlist. Lisa ülejäänud küüslauk ja ingver ning prae kergelt pruunikaks.

Lisa ülejäänud sojakaste ja vesi, kuumuta keemiseni ja keeda 2 minutit. Tõsta kala tagasi pannile, kata kaanega ja küpseta umbes 30 minutit, kuni kala on läbi küpsenud, keerates üks või kaks korda.

Maitsestatud Roast Carp

Serveerib 4

1 suur karpkala vms kala

150 ml / ¬° pt / rikkalik tass maapähkliõli

15 ml/1 spl suhkrut

2 küüslauguküünt, peeneks hakitud

100 g/4 untsi bambusevõrseid, viilutatud

150 ml / ¬° pt / rikkalik tass kalapuljongit

15 ml/1 spl riisiveini või kuiva šerrit

15 ml/1 spl sojakastet

2 murulauku (murulauk), hakitud

1 viil ingverijuurt, tükeldatud

15 ml/1 spl veiniäädika soola

Puhastage ja koorige kala ning leotage mitu tundi külmas vees. Nõruta ja kuivata, seejärel lõigake mõlemale küljele mitu korda. Kuumuta õli ja prae kala mõlemalt poolt tugevaks. Eemaldage pannilt, valage välja ja jätke alles 30 ml/2 spl õli. Lisa pannile suhkur ja sega kuni tumeneb. Lisa küüslauk ja bambusevõrsed ning sega korralikult läbi. Lisa ülejäänud koostisosad, lase keema tõusta, tõsta kala tagasi pannile, kata kaanega ja küpseta õrnalt umbes 15 minutit, kuni kala on küps.

Aseta kala soojale taldrikule ja vala peale kaste.

Krevetid litši kastmega

Serveerib 4

*50g/2oz/¬Ω Smooth kruus (kõik otstarbeks)
nisujahu*

2,5 ml/¬Ω teelusikatäis soola

1 muna, kergelt lahtiklopitud

30 ml/2 supilusikatäit vett

450 g kooritud krevette

prae õli

30 ml/2 spl maapähkliõli (maapähklid)

2 viilu ingverijuurt, tükeldatud

30 ml/2 spl veiniäädikat

5 ml / 1 tl suhkrut

2,5 ml/¬Ω teelusikatäis soola

15 ml/1 spl sojakastet

200 g/7 untsi konserveeritud litšid, nõrutatud

Vahusta jahu, sool, muna ja vesi, kuni moodustub tainas, vajadusel lisa veel veidi vett. Viska krevettidega, kuni need on hästi kaetud. Kuumuta õli ja prae krevette paar minutit, kuni need on krõbedad ja kuldsed. Nõruta need majapidamispaberil ja tõsta soojale serveerimistaldrikule. Vahepeal kuumuta õli ja prae

ingverit 1 minut. Lisa veiniäädikas, suhkur, sool ja sojakaste.
Lisa litšid ja sega, kuni need on kuumad ja kastmega kaetud.
Vala krevettidele ja serveeri kohe.

Praetud krevetid mandariiniga

Serveerib 4

60 ml/4 spl maapähkliõli (maapähklid).
1 küüslauguküüs, purustatud
1 viil ingverijuurt, tükeldatud
450 g kooritud krevette
30 ml/2 spl riisiveini või kuiva šerrit 30 ml/2 spl sojakastet
15 ml/1 spl maisijahu (maisitärklis)
45 ml/3 supilusikatäit vett

Kuumuta õli ning prae küüslauku ja ingverit kergelt pruunikaks. Lisa krevetid ja pruunista neid 1 minut. Lisage vein või šerri ja segage hästi. Lisa sojakaste, maisijahu ja vesi ning hauta 2 minutit.

Krevetid lumehernestega

Serveerib 4

5 kuivatatud hiina seeni

225 g/8 untsi oad

60 ml/4 spl maapähkliõli (maapähklid).

5 ml/1 tl soola

2 selleripulka, tükeldatud

4 šalottsibulat (murulauk), hakitud

2 küüslauguküünt, purustatud

2 viilu ingverijuurt, tükeldatud

60 ml/4 spl vett

15 ml/1 spl sojakastet

15 ml/1 spl riisiveini või kuiva šerrit

225 g/8 untsi lumeherned (herned)

225 g kooritud krevette

15 ml/1 spl maisijahu (maisitärklis)

Leota seeni 30 minutit soojas vees ja nõruta. Eemaldage varred ja lõigake pealsed. Blanšeeri oadud 5 minutit keevas vees ja nõruta hästi. Kuumuta pool õlist ja prae soolas, selleris, talisibulas ja oavõrses 1 minut, seejärel eemalda need pannilt. Kuumuta ülejäänud õli ning prae küüslauk ja ingver kuldpruuniks. Lisa pool veest, sojakaste, vein või šerri, lumeherned ja krevetid, kuumuta keemiseni ja keeda 3 minutit. Segage maisitärklis ja ülejäänud vesi pastaks, lisage pannile ja keetke segades, kuni kaste pakseneb. Pange köögiviljad tagasi pannile, küpseta, kuni need on hästi keedetud. Serveeri kohe.

Krevetid hiina seentega

Serveerib 4

8 kuivatatud hiina seeni

45 ml/3 spl maapähkliõli (maapähklid).

3 viilu ingverijuurt, tükeldatud

450 g kooritud krevette

15 ml/1 spl sojakastet

5 ml/1 tl soola

60 ml/4 spl kalapuljongit

Leota seeni 30 minutit soojas vees ja nõruta. Eemaldage varred ja lõigake pealsed. Kuumuta pool õlist ja prae ingver kergelt kuldseks. Lisa krevetid, sojakaste, sool ja prae õliga kaetud ning eemalda pannilt. Kuumuta ülejäänud õli ja prae seeni, kuni need on õliga kaetud. Lisa puljong, lase keema tõusta, kata ja keeda 3 minutit. Pange krevetid pannile tagasi ja segage, kuni need on täielikult kuumutatud.

Praetud krevetid ja herned

Serveerib 4

450 g kooritud krevette

5 ml/1 tl seesamiõli

5 ml/1 tl soola

30 ml/2 spl maapähkliõli (maapähklid)

1 küüslauguküüs, purustatud

1 viil ingverijuurt, tükeldatud

225 g/8 untsi blanšeeritud või külmutatud herned, sulatatud

4 šalottsibulat (murulauk), hakitud

30 ml/2 supilusikatäit vett

sool ja pipar

Sega krevetid seesamiõli ja soolaga. Kuumuta oliiviõli ja prae küüslauku ja ingverit 1 minut. Lisa krevetid ja pruunista neid 2 minutit. Lisa herned ja pruunista neid 1 minut. Lisa kevadised sibulad ja vesi ning maitsesta soovi korral soola, pipra ja veel veidi seesamiõliga. Enne serveerimist kuumutage hoolikalt segades.

Krevetid mango chutneyga

Serveerib 4

12 krevetti

sool ja pipar

1 sidruni mahl

30 ml/2 spl maisijahu (maisitärklis)

1 varrukas

5 ml/1 tl sinepipulbrit

5 ml/1 tl mett

30 ml/2 spl kookoskoort

30 ml/2 spl mahedat karrit

120 ml/4 fl untsi/¬Ω tassi kanapuljongit

45 ml/3 spl maapähkliõli (maapähklid).

2 küüslauguküünt, hakitud

2 murulauku (murulauk), hakitud

1 apteegitilli sibul, tükeldatud

100 g mango chutney

Koori krevetid, jättes sabad terveks. Puista peale soola, pipart ja sidrunimahla ning kata poole maisijahuga. Koori mango, lõika viljaliha kivist välja ja tükelda viljaliha. Segage sinep, mesi, kookoskoor, karripulber, ülejäänud maisijahu ja puljong. Kuumuta pool oliiviõlist ning prae küüslauku, murulauku ja apteegitilli 2 minutit. Lisa puljongisegu, kuumuta keemiseni ja keeda 1 minut. Lisa mangokuubikud ja chutney ning kuumuta õrnalt, seejärel tõsta soojale serveerimistaldrikule. Kuumuta ülejäänud õli ja prae krevette 2 minutit. Laota need köögiviljade peale ja serveeri kohe.

Praetud krevetipelmeenid sibulakastmega

Serveerib 4

3 muna kergelt lahti klopitud

45 ml/3 supilusikatäit tavalist jahu (universaalne)

soola ja värskelt jahvatatud pipart

450 g kooritud krevette

prae õli

15 ml/1 spl maapähkliõli

2 sibulat, hakitud

15 ml/1 spl maisijahu (maisitärklis)
30 ml/2 spl sojakastet
175 ml/6 fl untsi/¬œ tassi vett

Sega munad, jahu, sool ja pipar. Viska krevetid taignasse. Kuumuta õli ja prae krevetid kuldpruuniks. Vahepeal kuumuta õli ja prae sibulat 1 minut. Blenderda ülejäänud koostisosad pastaks, lisa sibulad ja kuumuta segades, kuni kaste pakseneb. Nõruta krevetid ja laota need soojale serveerimistaldrikule. Vala peale kaste ja serveeri kohe.

Mandariini krevetid hernestega

Serveerib 4

60 ml/4 spl maapähkliõli (maapähklid).
1 küüslauguküüs, hakitud
1 viil ingverijuurt, tükeldatud
450 g kooritud krevette
30 ml/2 spl riisiveini või kuiva šerrit
225 g külmutatud herneid, sulatatud
30 ml/2 spl sojakastet
15 ml/1 spl maisijahu (maisitärklis)

45 ml/3 supilusikatäit vett

Kuumuta õli ning prae küüslauku ja ingverit kergelt pruunikaks. Lisa krevetid ja pruunista neid 1 minut. Lisage vein või šerri ja segage hästi. Lisa herned ja pruunista neid 5 minutit. Lisa teised koostisosad ja prae 2 minutit.

Pekingi stiilis krevetid

Serveerib 4

30 ml/2 spl maapähkliõli (maapähklid)

2 küüslauguküünt, purustatud

1 viil ingverijuurt, peeneks hakitud

225 g kooritud krevette

4 šalottsibulat (murulauku), paksult viilutatud

120 ml/4 fl untsi/¬Ω tassi kanapuljongit

5 ml/1 tl fariinsuhkrut

5 ml/1 tl sojakastet

5 ml/1 tl hoisin kastet

5 ml/1 tl Tabasco kastet

Kuumuta õli koos küüslaugu ja ingveriga ning prae, kuni küüslauk on kergelt kuldne. Lisa krevetid ja pruunista neid 1 minut. Lisa murulauk ja prae 1 minut. Lisa ülejäänud koostisosad, lase keema tõusta, kata ja küpseta 4 minutit, aegajalt segades. Kontrolli maitsestust ja soovi korral lisa veel veidi Tabasco kastet.

Krevetid paprikaga

Serveerib 4

30 ml/2 spl maapähkliõli (maapähklid)

1 roheline paprika, lõigatud tükkideks

450 g kooritud krevette

10 ml/2 tl maisijahu (maisitärklis)

60 ml/4 spl vett

5 ml/1 tl riisiveini või kuiva šerrit

2,5 ml/¬Ω teelusikatäis soola

45 ml/2 spl tomatipüreed (pasta)

Kuumuta õli ja pruunista pipart 2 minutit. Lisa krevetid ja tomatipüree ning sega korralikult läbi. Sega maisijahu vesi, vein või šerri ja sool pastaks, lisa pannile ja kuumuta segades, kuni kaste on kerge ja paksenenud.

Sealihaga praetud krevetid

Serveerib 4

225 g kooritud krevette

100 g/4 untsi lahja sealiha, tükeldatud

60 ml/4 spl riisiveini või kuiva šerrit

1 munavalge

45 ml/3 spl maisijahu (maisitärklis)

5 ml/1 tl soola

15 ml/1 supilusikatäis vett (valikuline)

90 ml/6 spl maapähkliõli

45 ml/3 spl kalapuljongit

5 ml/1 tl seesamiõli

Asetage krevetid ja sealiha eraldi kaussidesse. Sega 45ml/3 spl veini või šerrit, munavalget, 30ml/2spl maisitärklist ja soola, kuni moodustub pehme tainas, vajadusel lisa vett. Jagage segu sealiha ja krevettide vahel ning loksutage hästi, et need oleksid ühtlaselt kaetud. Kuumuta õli ning prae sealiha ja krevette mõni minut kuldpruuniks. Eemaldage pannilt ja valage õli peale 15 ml/1 spl. Lisa pannile puljong koos ülejäänud veini või šerri ja maisijahuga. Kuumuta keemiseni ja keeda segades, kuni kaste pakseneb. Vala krevettidele ja sealihale ning serveeri seesamiõliga üle niristatud.

Praetud krevetid šerrikastmega

Serveerib 4

50 g/2 untsi/¬Ω tassi tavalist jahu (universaalne)

2,5 ml/¬Ω teelusikatäis soola

1 muna, kergelt lahtiklopitud

30 ml/2 supilusikatäit vett

450 g kooritud krevette

prae õli

15 ml/1 spl maapähkliõli

1 sibul, peeneks hakitud

45 ml/3 spl riisiveini või kuiva šerrit

15 ml/1 spl sojakastet

120 ml/4 fl untsi/¬Ω tassi kalapuljongit

10 ml/2 tl maisijahu (maisitärklis)

30 ml/2 supilusikatäit vett

Vahusta jahu, sool, muna ja vesi, kuni moodustub tainas, vajadusel lisa veel veidi vett. Viska krevettidega, kuni need on hästi kaetud. Kuumuta õli ja prae krevette paar minutit, kuni need on krõbedad ja kuldsed. Nõruta need majapidamispaberil ja tõsta soojale taldrikule. Vahepeal kuumuta õli ja prae sibulat pehmeks. Lisa vein või šerri, sojakaste ja puljong, kuumuta keemiseni ja keeda 4 minutit. Segage maisitärklis ja vesi pastaks, lisage pannile ja keetke segades, kuni kaste on kerge ja paksenenud. Vala kaste krevettidele ja serveeri.

Seesami praetud krevetid

Serveerib 4

450 g kooritud krevette

¬Ω munavalge

5 ml/1 tl sojakastet

5 ml/1 tl seesamiõli

50 g/2 untsi/¬Ω tassi maisijahu (maisitärklis)

soola ja värskelt jahvatatud valget pipart

prae õli

60 ml/4 spl seesamiseemneid
salati lehed

Sega krevetid munavalge, sojakastme, seesamiõli, maisijahu, soola ja pipraga. Lisa veidi vett, kui segu on liiga paks. Kuumuta õli ja prae krevette paar minutit, kuni need on kergelt kuldsed. Samal ajal rösti seesamiseemneid kuival pannil korraks kuldseks. Nõruta krevetid ja sega need seesamiseemnetega. Serveeri salatipeenral.

Kooris praetud krevetid

Serveerib 4

60 ml/4 spl maapähkliõli (maapähklid).
750 g/1¬Ω naela kooritud krevetid
3 murulauku (murulauk), hakitud
3 viilu ingverijuurt, tükeldatud
2,5 ml/¬Ω teelusikatäis soola
15 ml/1 spl riisiveini või kuiva šerrit
120 ml/4 fl untsi/¬Ω tass tomatiketšupit (catsup)
15 ml/1 spl sojakastet
15 ml/1 spl suhkrut

15 ml/1 spl maisijahu (maisitärklis)

60 ml/4 spl vett

Kuumuta õli ja prae krevette 1 minut, kui need on keedetud, või kuni roosad, kui need on toored. Lisa kevadised sibulad, ingver, sool ja vein või šerri ning prae 1 minut. Lisa ketšup, sojakaste ja suhkur ning prae 1 minut. Sega maisitärklis ja vesi, lisa pannile ning kuumuta segades, kuni kaste muutub heledamaks ja paksemaks.

Praetud krevetid

Serveerib 4

75 g/3 untsi/¬° kuhjaga tassi maisijahu (maisitärklis)

1 munavalge

5 ml/1 tl riisiveini või kuiva šerrit

soola

350 g/12 untsi kooritud krevette

prae õli

Vahusta maisijahu, munavalged, vein või šerri ja näpuotsaga soola, kuni saad paksu taigna. Kastke krevetid taignasse, kuni need on hästi kaetud. Kuumuta õli mõõdukalt kuumaks ja prae krevette mõni minut kuldseks. Tõsta õlist välja, kuumuta kuumaks ja prae krevetid uuesti krõbedaks ja kuldseks.

Krevettide tempura

Serveerib 4

450 g kooritud krevette
30 ml/2 supilusikatäit tavalist jahu (universaalne)
30 ml/2 spl maisijahu (maisitärklis)
30 ml/2 supilusikatäit vett
2 muna, lahtiklopitud
prae õli

Lõika krevetid piki sisemist kõverat pooleks ja ava need liblikaks. Sega jahu, maisitärklis ja vesi kuni taigna moodustumiseni ning lisa munad. Kuumuta õli ja prae krevetid kuldpruuniks.

Kummi all

Serveerib 4

30 ml/2 spl maapähkliõli (maapähklid)

2 murulauku (murulauk), hakitud

1 küüslauguküüs, purustatud

1 viil ingverijuurt, tükeldatud

100 g kanarinda, ribadeks lõigatud

100 g ribadeks lõigatud sinki

100 g/4 untsi ribadeks lõigatud bambusevõrseid

100 g vesikastanit, lõigatud ribadeks

225 g kooritud krevette

30 ml/2 spl sojakastet

30 ml/2 spl riisiveini või kuiva šerrit

5 ml/1 tl soola

5 ml / 1 tl suhkrut

5 ml/1 tl maisijahu (maisitärklis)

Kuumuta õli ja prae sibul, küüslauk ja ingver kergelt pruuniks. Lisa kana ja prae 1 minut. Lisa sink, bambusevõrsed ja vesikastanid ning prae 3 minutit. Lisa krevetid ja pruunista neid 1 minut. Lisa sojakaste, vein või šerri, sool ja suhkur ning hauta 2 minutit. Sega maisitärklis vähese veega, lisa pannile ja küpseta segades 2 minutit.

Krevetid tofuga

Serveerib 4

45 ml/3 spl maapähkliõli (maapähklid).
225 g/8 untsi tofut, kuubikuteks
1 murulauk (murulauk), hakitud
1 küüslauguküüs, purustatud
15 ml/1 spl sojakastet
5 ml / 1 tl suhkrut
90 ml/6 spl kalapuljongit
225 g kooritud krevette
15 ml/1 spl maisijahu (maisitärklis)
45 ml/3 supilusikatäit vett

Kuumuta pool õlist ja prae tofut kergelt pruunikaks, seejärel eemalda pannilt. Kuumuta ülejäänud oliiviõli ning prae sibul ja küüslauk kergelt pruuniks. Lisa sojakaste, suhkur ja puljong ning kuumuta keemiseni. Lisa krevetid ja sega madalal kuumusel 3 minutit. Sega maisitärklis ja vesi pastaks, lisa pannile ja küpseta segades, kuni kaste pakseneb. Tõsta tofu pannile tagasi ja küpseta aeglaselt, kuni see on läbi kuumenenud.

Krevetid tomatiga

Serveerib 4

2 munavalget

30 ml/2 spl maisijahu (maisitärklis)

5 ml/1 tl soola

450 g kooritud krevette

prae õli

30 ml/2 spl riisiveini või kuiva šerrit

225 g/8 untsi tomateid, kooritud, seemnetest puhastatud ja tükeldatud

Sega omavahel munavalged, maisijahu ja sool. Lisa krevetid, kuni need on hästi kaetud. Kuumuta õli ja prae krevetid küpseks. Valage õli peale 15 ml/1 spl ja kuumutage. Lisa vein või šerri ja tomatid ning kuumuta keemiseni. Lisa krevetid ja kuumuta need enne serveerimist kiiresti läbi.

Krevetid tomatikastmega

Serveerib 4

30 ml/2 spl maapähkliõli (maapähklid)

1 küüslauguküüs, purustatud

2 viilu ingverijuurt, tükeldatud

2,5 ml/¬Ω teelusikatäis soola

15 ml/1 spl riisiveini või kuiva šerrit

15 ml/1 spl sojakastet

6 ml/4 spl tomatiketšupit (catsup)

120 ml/4 fl untsi/¬Ω tassi kalapuljongit

350 g/12 untsi kooritud krevette

10 ml/2 tl maisijahu (maisitärklis)

30 ml/2 supilusikatäit vett

Kuumuta oliiviõli ja prae küüslauku, ingverit ja soola 2 minutit. Lisa vein või šerri, sojakaste, ketšup ja puljong ning kuumuta keemiseni. Lisa krevetid, kata ja küpseta 2 minutit. Segage maisitärklis ja vesi pastaks, lisage pannile ja keetke segades, kuni kaste on kerge ja paksenenud.

Krevetid tomatikastme ja paprikaga

Serveerib 4

60 ml/4 spl maapähkliõli (maapähklid).

15 ml/1 spl hakitud ingverit

15 ml/1 spl hakitud küüslauku

15 ml/1 spl hakitud murulauku

60 ml/4 spl tomatipüreed (kontsentreeritud)

15 ml/1 spl tšillikastet

450 g kooritud krevette

15 ml/1 spl maisijahu (maisitärklis)

15 ml/1 supilusikatäis vett

Kuumuta oliiviõli ja prae ingverit, küüslauku ja murulauku 1 minut. Lisa tomatipüree ja piprakaste ning sega korralikult läbi. Lisa krevetid ja pruunista neid 2 minutit. Sega maisitärklis ja vesi pastaks, lisa pannile ja keeda, kuni kaste on paksenenud. Serveeri kohe.

Praetud krevetid tomatikastmega

Serveerib 4

50 g/2 untsi/¬Ω tassi tavalist jahu (universaalne)

2,5 ml/¬Ω teelusikatäis soola

1 muna, kergelt lahtiklopitud

30 ml/2 supilusikatäit vett

450 g kooritud krevette

prae õli

30 ml/2 spl maapähkliõli (maapähklid)
1 sibul, peeneks hakitud
2 viilu ingverijuurt, tükeldatud
75 ml/5 supilusikatäit tomatiketšupit (catsup)
10 ml/2 tl maisijahu (maisitärklis)
30 ml/2 supilusikatäit vett

Vahusta jahu, sool, muna ja vesi, kuni moodustub tainas, vajadusel lisa veel veidi vett. Viska krevettidega, kuni need on hästi kaetud. Kuumuta õli ja prae krevette paar minutit, kuni need on krõbedad ja kuldsed. Nõruta köögipaberil.

Samal ajal kuumuta õli ning prae sibul ja ingver pehmeks. Lisa tomatiketšup ja küpseta 3 minutit. Sega maisitärklis ja vesi pastaks, lisa pannile ja küpseta segades, kuni kaste pakseneb. Lisa krevetid pannile ja küpseta hästi küpseks. Serveeri kohe.

Krevetid köögiviljadega

Serveerib 4

15 ml/1 spl maapähkliõli

225 g brokoli õisikuid

225 g šampinjoni seeni

225g/8oz bambusevõrsed, viilutatud

450 g kooritud krevette

120 ml/4 fl untsi/¬Ω tassi kanapuljongit

5 ml/1 tl maisijahu (maisitärklis)

5 ml/1 tl austrikastet

2,5 ml/¬Ω teelusikatäis suhkrut

2,5 ml/¬Ω tl riivitud ingverijuurt

näputäis värskelt jahvatatud pipart

Kuumuta õli ja prae brokkolit 1 minut. Lisa seened ja bambusevõrsed ning prae 2 minutit. Lisa krevetid ja pruunista neid 2 minutit. Kombineeri ülejäänud koostisosad ja lisa need krevetisegule. Kuumuta segades keemiseni, seejärel keeda pidevalt segades 1 minut.

Krevetid vesikastanitega

Serveerib 4

60 ml/4 spl maapähkliõli (maapähklid).

1 küüslauguküüs, hakitud

1 viil ingverijuurt, tükeldatud

450 g kooritud krevette

30 ml/2 sl riisiveini või kuiva šerrit 225 g/8 untsi vesikastaneid,

viilutatud

30 ml/2 spl sojakastet

15 ml/1 spl maisijahu (maisitärklis)

45 ml/3 supilusikatäit vett

Kuumuta õli ning prae küüslauku ja ingverit kergelt pruunikaks. Lisa krevetid ja pruunista neid 1 minut. Lisage vein või šerri ja segage hästi. Lisa vesikastanid ja pruunista neid 5 minutit. Lisa teised koostisosad ja prae 2 minutit.

Wontonid krevetid

Serveerib 4

450 g/1 naela kooritud krevette, tükeldatud

225 g/8 untsi segatud rohelisi, tükeldatud

15 ml/1 spl sojakastet
2,5 ml/½ teelusikatäis soola
paar tilka seesamiõli
40 wontoni nahka
prae õli

Sega krevetid, köögiviljad, sojakaste, sool ja seesamiõli.

Wontonite voltimiseks hoidke nahka vasaku käe peopesas ja asetage keskele veidi täidist. Niisuta servad munaga ja murra nahk kolmnurgaks, sulge servad. Niisutage nurgad munaga ja keerake need kokku.

Kuumuta õli ja prae wontoneid paar kaupa, kuni need on kuldpruunid. Nõruta enne serveerimist hästi.

Abalone kanaga

Serveerib 4

400g/14oz konserveeritud abalone
30 ml/2 spl maapähkliõli (maapähklid)
100g/4oz kanarind, kuubikuteks

100 g/4 untsi bambusevõrseid, viilutatud

250 ml/8 fl untsi/1 tass kalapuljongit

15 ml/1 spl riisiveini või kuiva šerrit

5 ml / 1 tl suhkrut

2,5 ml/¬Ω teelusikatäis soola

15 ml/1 spl maisijahu (maisitärklis)

45 ml/3 supilusikatäit vett

Nõruta ja viiluta abalone, jäta mahl alles. Kuumuta õli ja prae kana kergelt pruunikaks. Lisa abalone ja bambusevõrsed ning prae 1 minut. Lisa abalone vedelik, puljong, vein või šerri, suhkur ja sool, kuumuta keemiseni ja keeda 2 minutit. Segage maisitärklis ja vesi pastaks ning keetke segades, kuni kaste on kerge ja paksenenud. Serveeri kohe.

Abalone spargliga

Serveerib 4

10 kuivatatud Hiina seeni

30 ml/2 spl maapähkliõli (maapähklid)

15 ml/1 supilusikatäis vett

225 g / 8 untsi sparglit

2,5 ml/½ teelusikatäis kalakastet

15 ml/1 spl maisijahu (maisitärklis)

225 g/8 untsi konserveeritud abalone, viilutatud

60 ml/4 spl puljongit

½ väike porgand, viilutatud

5 ml/1 tl sojakastet

5 ml/1 tl austrikastet

5 ml/1 tl riisiveini või kuiva šerrit

Leota seeni 30 minutit soojas vees ja nõruta. Visake varred ära. Kuumuta 15 ml/1 spl õli veega ja prae seenekübaraid 10 minutit. Samal ajal küpseta spargel keevas vees kalakastme ja 5 ml/1 tl maisijahuga pehmeks. Nõruta need hästi ja tõsta koos seentega soojale serveerimistaldrikule. Hoidke neid soojas. Kuumuta järelejäänud õli ja prae abalone paar sekundit, seejärel lisa puljong, porgand, sojakaste, austrikaste, vein või šerri ja ülejäänud maisijahu. Küpseta umbes 5 minutit, kuni see on küpsenud, seejärel vala sparglitele ja serveeri.

Abalone seentega

Serveerib 4

6 kuivatatud hiina seeni
400g/14oz konserveeritud abalone
45 ml/3 spl maapähkliõli (maapähklid).
2,5 ml/¬Ω teelusikatäis soola
15 ml/1 spl riisiveini või kuiva šerrit
3 šalottsibulat (murulauk), lõigatud paksudeks viiludeks

Leota seeni 30 minutit soojas vees ja nõruta. Eemaldage varred ja lõigake pealsed. Nõruta ja viiluta abalone, jäta mahl alles. Kuumutage oliiviõli ja hautage soola ja seeni 2 minutit. Lisa vedel abalone ja šerri, kuumuta keemiseni, kata kaanega ja küpseta 3 minutit. Lisa abalone ja talisibul ning küpseta, kuni see on korralikult kuumutatud. Serveeri kohe.

Abalone austrikastmega

Serveerib 4

400g/14oz konserveeritud abalone

15 ml/1 spl maisijahu (maisitärklis)
15 ml/1 spl sojakastet
45 ml/3 spl austrikastet
30 ml/2 spl maapähkliõli (maapähklid)
50g/2oz suitsusink, tükeldatud

Kurna purki abalone ja varu 90ml/6 spl vedelikku. Sega see maisijahu, sojakastme ja austrikastmega. Kuumuta õli ja prae nõrutatud abalone 1 minut. Lisa kastmesegu ja kuumuta segades umbes 1 minut, kuni see on läbi kuumenenud. Tõsta soojendatud vaagnale ja serveeri singiga kaunistatult.

Aurutatud karbid

Serveerib 4

24 merekarpi

Puhastage karbid hästi ja leotage neid mõneks tunniks soolaga maitsestatud vees. Peske neid voolava vee all ja asetage madalasse ahjuvormi. Tõsta restile aurutisse, kata kaanega ja auruta keevas vees umbes 10 minutit, kuni kõik karbid on avanenud. Visake ära kõik, mis jääb suletuks. Serveeri kastmetega.

Karbid oa idanditega

Serveerib 4

24 merekarpi

15 ml/1 spl maapähkliõli

150 g sojaidusid

1 roheline paprika, lõigatud ribadeks

2 murulauku (murulauk), hakitud

15 ml/1 spl riisiveini või kuiva šerrit

soola ja värskelt jahvatatud pipart

2,5 ml/¬Ω tl seesamiõli

50g/2oz suitsusink, tükeldatud

Puhastage karbid hästi ja leotage neid mõneks tunniks soolaga maitsestatud vees. Loputa jooksva vee all. Kuumuta pannil vesi keemiseni, lisa karbid ja küpseta neid mõni minut, kuni need avanevad. Tühjendage ja visake ära kõik avamata jäänud. Eemaldage karbid kestadest.

Kuumuta õli ja prae oadudseid 1 minut. Lisa pipar ja murulauk ning prae 2 minutit. Lisa vein või šerri ning maitsesta soola ja pipraga. Kuumutage läbi, seejärel lisage karbid ja segage, kuni see on hästi segunenud ja läbi kuumenenud. Tõsta soojale taldrikule ning serveeri seesamiõli ja singiga piserdatuna.

Karbid ingveri ja küüslauguga

Serveerib 4

24 merekarpi

15 ml/1 spl maapähkliõli

2 viilu ingverijuurt, tükeldatud

2 küüslauguküünt, purustatud

15 ml/1 supilusikatäis vett

5 ml/1 tl seesamiõli

soola ja värskelt jahvatatud pipart

Puhastage karbid hästi ja leotage neid mõneks tunniks soolaga maitsestatud vees. Loputa jooksva vee all. Kuumuta õli ning prae ingverit ja küüslauku 30 sekundit. Lisa karbid, vesi ja seesamiõli, kata kaanega ja küpseta umbes 5 minutit, kuni karbid on avanenud. Visake ära kõik, mis jääb suletuks. Maitsesta kergelt soola ja pipraga ning serveeri kohe.

Praetud karbid

Serveerib 4

24 merekarpi

60 ml/4 spl maapähkliõli (maapähklid).

4 küüslauguküünt, hakitud

1 sibul, peeneks hakitud

2,5 ml/¬Ω teelusikatäis soola

Puhastage karbid hästi ja leotage neid mõneks tunniks soolaga maitsestatud vees. Loputage jooksva vee all ja seejärel kuivatage. Kuumuta oliiviõli ja prae küüslauk, sibul ja sool kuldpruuniks. Lisa karbid, kata ja keeda tasasel tulel umbes 5 minutit, kuni kõik kestad on avanenud. Visake ära kõik, mis jääb suletuks. Prae õrnalt veel 1 minut, määrides õliga.

Krabikoogid

Serveerib 4

225 g/8 untsi oad
60 ml/4 spl maapähkliõli 100 g ribadeks lõigatud bambusevõrseid
1 sibul hakitud
225 g/8 untsi krabiliha, helbed
4 muna kergelt lahti klopitud
15 ml/1 spl maisijahu (maisitärklis)
30 ml/2 spl sojakastet
soola ja värskelt jahvatatud pipart

Blanšeeri oadud 4 minutit keevas vees ja nõruta. Kuumuta pool õlist ja prae oad, bambusevõrsed ja sibul pehmeks. Tõsta pliidilt ja sega hulka ülejäänud koostisosad, välja arvatud õli. Kuumuta puhtal pannil ülejäänud õli ja prae lusikatäied krabilihasegust kookideks. Prae mõlemalt poolt kuldpruuniks ja serveeri kohe.

Krabi kreem

Serveerib 4

225 g/8 untsi krabiliha
5 lahtiklopitud muna
1 murulauk (murulauk) peeneks hakitud
250 ml/8 fl untsi/1 tass vett
5 ml/1 tl soola
5 ml/1 tl seesamiõli

Sega kõik koostisosad hästi läbi. Aseta kaussi, kata ja aseta topeltboileri peale kuuma vee kohale või aururestile. Keeda auruga umbes 35 minutit, kuni saavutad kreemja konsistentsi, aeg-ajalt segades. Serveeri riisiga.

Hiina lehtedega krabiliha

Serveerib 4

450 g/1 naela Hiina lehti, tükeldatud
45 ml/3 spl taimeõli
2 murulauku (murulauk), hakitud
225 g/8 untsi krabiliha
15 ml/1 spl sojakastet
15 ml/1 spl riisiveini või kuiva šerrit
5 ml/1 tl soola

Blanšeeri hiina lehti 2 minutit keevas vees, nõruta hästi ja pese külmas vees. Kuumuta õli ja prae talisibul kergelt kuldseks. Lisa krabiliha ja pruunista 2 minutit. Lisa hiina lehed ja prae 4 minutit. Lisa sojakaste, vein või šerri ja sool ning sega korralikult läbi. Lisa puljong ja maisijahu, lase keema tõusta ning keeda segades 2 minutit, kuni kaste muutub heledamaks ja pakseneb.

Foo Yung krabi oa võrsetega

Serveerib 4

6 lahtiklopitud muna
45 ml/3 spl maisijahu (maisitärklis)
225 g/8 untsi krabiliha
100 g sojaidusid
2 murulauku (murulauk), peeneks hakitud
2,5 ml/¬Ω teelusikatäis soola
45 ml/3 spl maapähkliõli (maapähklid).

Klopi lahti munad ja seejärel maisitärklis. Segage ülejäänud koostisosad, välja arvatud õli. Kuumuta õli ja vala segu vähehaaval pannile, saades umbes 3-sentimeetrise läbimõõduga väikesed pannkoogid. Prae põhjast kuldseks, keera ümber ja pruunista teine pool.

Ingverkrabi

Serveerib 4

15 ml/1 spl maapähkliõli
2 viilu ingverijuurt, tükeldatud
4 šalottsibulat (murulauk), hakitud
3 küüslauguküünt, purustatud
1 punane tšilli, hakitud
350 g/12 untsi krabiliha, helbed
2,5 ml/¬Ω teelusikatäis kalapastat
2,5 ml/¬Ω tl seesamiõli
15 ml/1 spl riisiveini või kuiva šerrit
5 ml/1 tl maisijahu (maisitärklis)
15 ml/1 supilusikatäis vett

Kuumuta õli ning prae ingverit, talisibulat, küüslauku ja pipart 2 minutit. Lisa krabiliha ja sega, kuni see on vürtsidega hästi kaetud. Lisa kalapasta. Segage ülejäänud koostisosi, kuni need moodustavad pasta, seejärel lisage need pannile ja praege 1 minut. Serveeri kohe.

Krabi Lo Mein

Serveerib 4

100 g sojaidusid
30 ml/2 spl maapähkliõli (maapähklid)
5 ml/1 tl soola
1 sibul, viilutatud
100 g seeni, viilutatud
225 g/8 untsi krabiliha, helbed
100 g/4 untsi bambusevõrseid, viilutatud
Pasta kaste
30 ml/2 spl sojakastet
5 ml / 1 tl suhkrut
5 ml/1 tl seesamiõli
soola ja värskelt jahvatatud pipart

Blanšeeri oadud 5 minutit keevas vees ja nõruta. Kuumuta õli ning prae soolas ja sibulas kuldpruuniks. Lisa seened ja prae pehmeks. Lisa krabiliha ja pruunista 2 minutit. Lisa oa- ja bambusevõrsed ning prae 1 minut. Lisa pannile nõrutatud pasta ja sega ettevaatlikult läbi. Sega sojakaste, suhkur ja seesamiõli ning maitsesta soola ja pipraga. Sega pannil läbi kuumutamiseni.

Praetud krabi sealihaga

Serveerib 4

30 ml/2 spl maapähkliõli (maapähklid)
100 g/4 untsi sealiha (jahvatatud)
350 g/12 untsi krabiliha, helbed
2 viilu ingverijuurt, tükeldatud
2 muna kergelt lahtiklopitud
15 ml/1 spl sojakastet
15 ml/1 spl riisiveini või kuiva šerrit
30 ml/2 supilusikatäit vett
soola ja värskelt jahvatatud pipart
4 sibulat (murulauk), ribadeks lõigatud

Kuumuta õli ja prae sealiha kergelt pruunikaks. Lisa krabiliha ja ingver ning prae 1 minut. Sega munad. Lisa sojakaste, vein või šerri, vesi, sool ja pipar ning kuumuta segades umbes 4 minutit. Serveeri murulaukuga.

Praetud krabiliha

Serveerib 4

30 ml/2 spl maapähkliõli (maapähklid)
450 g/1 naela krabiliha, helbed
2 murulauku (murulauk), hakitud
2 viilu ingverijuurt, tükeldatud
30 ml/2 spl sojakastet
30 ml/2 spl riisiveini või kuiva šerrit
2,5 ml/¬Ω teelusikatäis soola
15 ml/1 spl maisijahu (maisitärklis)
60 ml/4 spl vett

Kuumuta õli ja prae krabiliha, šalottsibulat ja ingverit 1 minut. Lisa sojakaste, vein või šerri ja sool, kata kaanega ja küpseta 3 minutit. Segage maisitärklis ja vesi pastaks, lisage pannile ja keetke segades, kuni kaste on kerge ja paksenenud.

Praetud seepia lihapallid

Serveerib 4

450 g/1 nael seepia

50g/2oz pekk, püreestatud

1 munavalge

2,5 ml/¬Ω teelusikatäis suhkrut

2,5 ml/¬Ω teelusikatäis maisijahu (maisitärklis)

soola ja värskelt jahvatatud pipart

prae õli

Puhastage seepia ja purustage need või vähendage need viljalihaks. Sega pekk, munavalged, suhkur ja maisijahu ning maitsesta soola ja pipraga. Suru segu väikesteks pallideks. Kuumuta õli ja prae seepiafileetükke, vajadusel mitu korda, kuni need kerkivad pinnale ja muutuvad kuldseks. Nõruta hästi ja serveeri kohe.

Kantoni homaar

Serveerib 4

2 homaari

30 ml/2 supilusikatäit õli

15 ml/1 spl musta oa kastet

1 küüslauguküüs, purustatud

1 sibul hakitud

225 g/8 untsi sealiha (jahvatatud)

45 ml/3 spl sojakastet

5 ml / 1 tl suhkrut

soola ja värskelt jahvatatud pipart

15 ml/1 spl maisijahu (maisitärklis)

75 ml/5 spl vett

1 lahtiklopitud muna

Ava homaarid, eemalda liha ja lõika 2,5 cm/1,5 cm kuubikuteks. Kuumuta õli ja prae musta oa, küüslaugu ja sibula kaste kuldpruuniks. Lisa sealiha ja prae kuldpruuniks. Lisa sojakaste, suhkur, sool, pipar ja homaar, kata kaanega ja küpseta umbes 10 minutit. Segage maisitärklis ja vesi pastaks, lisage pannile ja keetke segades, kuni kaste on kerge ja paksenenud. Enne serveerimist keera kuumus maha ja lisa muna.

Praetud homaar

Serveerib 4

450 g/1 nael homaari liha

30 ml/2 spl sojakastet

5 ml / 1 tl suhkrut

1 lahtiklopitud muna

30 ml/3 supilusikatäit tavalist jahu (universaalne)

prae õli

Lõika homaari liha 2,5 cm kuubikuteks ning sega sojakastme ja suhkruga. Lase 15 minutit puhata ja seejärel nõruta. Klopi sisse muna ja jahu, seejärel lisa homaar ja sega korralikult läbi. Kuumuta õli ja prae homaar kuldpruuniks. Nõruta majapidamispaberil enne serveerimist.

Aurutatud homaar singiga

Serveerib 4

4 muna kergelt lahti klopitud

60 ml/4 spl vett

5 ml/1 tl soola

15 ml/1 spl sojakastet

450 g/1 naela homaariliha, helbed

15 ml/1 spl hakitud suitsusinki

15 ml/1 spl hakitud värsket peterselli

Klopi munad lahti vee, soola ja sojakastmega. Vala kuumakindlasse kaussi ja puista üle homaarilihaga. Aseta kauss aurutisse restile, kata kaanega ja auruta 20 minutit, kuni munad on hangunud. Serveeri singi ja peterselliga.

Homaar seentega

Serveerib 4

450 g/1 nael homaari liha

15 ml/1 spl maisijahu (maisitärklis)

60 ml/4 spl vett

30 ml/2 spl maapähkliõli (maapähklid)

4 šalottsibulat (murulauku), paksult viilutatud

100 g seeni, viilutatud

2,5 ml/¬Ω teelusikatäis soola
1 küüslauguküüs, purustatud
30 ml/2 spl sojakastet
15 ml/1 spl riisiveini või kuiva šerrit

Lõika homaari liha 2,5 cm/1 tolli kuubikuteks. Segage maisijahu ja vesi, kuni see moodustab pasta ja lisage homaarikuubikud segule katmiseks. Kuumuta pool õlist ja prae homaarikuubikud kergelt pruuniks, seejärel eemalda pannilt. Kuumuta ülejäänud õli ja prae talisibulat kergelt pruunikaks. Lisa seened ja pruunista neid 3 minutit. Lisa sool, küüslauk, sojakaste ja vein või šerri ning prae 2 minutit. Tõsta homaar tagasi pannile ja prae, kuni see on läbi kuumutatud.

Homaari sabad sealihaga

Serveerib 4

3 kuivatatud hiina seeni
4 homaari saba
60 ml/4 spl maapähkliõli (maapähklid).
100 g/4 untsi sealiha (jahvatatud)
50 g vesikastanit, peeneks hakitud
soola ja värskelt jahvatatud pipart
2 küüslauguküünt, purustatud
45 ml/3 spl sojakastet

30 ml/2 spl riisiveini või kuiva šerrit

30 ml/2 spl musta oa kastet

10 ml/2 spl maisijahu (maisitärklis)

120 ml/4 fl untsi/¬Ω tassi vett

Leota seeni 30 minutit soojas vees ja nõruta. Eemaldage varred ja tükeldage pealsed. Lõika homaari sabad pikuti pooleks. Eemaldage liha homaari sabadest, säilitades koored. Kuumuta pool õlist ja prae sealiha kergelt pruunikaks. Tõsta tulelt ja sega hulka seened, homaariliha, vesikastanid, sool ja pipar. Suru liha tagasi homaari kestadesse ja aseta ahjuvormi. Tõsta restile aurutisse, kata kaanega ja auruta umbes 20 minutit, kuni see on küpsenud. Samal ajal kuumutage ülejäänud õli ja hautage küüslauku, sojakastet, veini või šerrit ja musta oa kastet 2 minutit. Sega maisitärklis ja vesi pastaks, lisa pannile ja küpseta segades, kuni kaste pakseneb. Laota homaar soojale taldrikule, vala peale kaste ja serveeri kohe.

Praetud homaar

Serveerib 4

450 g/1 naela homaari sabad

30 ml/2 spl maapähkliõli (maapähklid)

1 küüslauguküüs, purustatud

2,5 ml/¬Ω teelusikatäis soola

350g/12oz oad

50 g šampinjoni seeni

4 šalottsibulat (murulauku), paksult viilutatud

150 ml/¬° pt/tass ¬Ω kanapuljongit

15 ml/1 spl maisijahu (maisitärklis)

Aja pott vesi keema, lisa homaari sabad ja keeda 1 minut. Nõruta, jahuta, eemalda nahk ja lõika paksudeks viiludeks. Kuumuta oliiviõli koos küüslaugu ja soolaga ning prae, kuni küüslauk on kergelt pruunistunud. Lisa homaar ja pruunista 1 minut. Lisa oad ja seened ning prae 1 minut. Lisa murulauk. Lisa suurem osa puljongist, kuumuta keemiseni, kata kaanega ja keeda 3 minutit. Sega maisijahu ülejäänud puljongiga, sega pannil ja küpseta segades, kuni kaste muutub heledamaks ja paksemaks.

homaari pesad

Serveerib 4

30 ml/2 spl maapähkliõli (maapähklid)

5 ml/1 tl soola

1 sibul, õhukeselt viilutatud

100 g seeni, viilutatud

100 g/4 untsi bambusevõrseid, viilutatud 225 g/8 untsi keedetud

homaariliha

15 ml/1 spl riisiveini või kuiva šerrit

120 ml/4 fl untsi/¬Ω tassi kanapuljongit

näputäis värskelt jahvatatud pipart

10 ml/2 tl maisijahu (maisitärklis)

15 ml/1 supilusikatäis vett

4 pastakorvikest

Kuumuta õli ning prae soolas ja sibulas kuldpruuniks. Lisa seened ja bambusevõrsed ning prae 2 minutit. Lisa homaari liha, vein või šerri ja puljong, kuumuta keemiseni, kata kaanega ja küpseta 2 minutit. Maitsesta pipraga. Sega maisitärklis ja vesi pastaks, lisa pannile ja küpseta segades, kuni kaste pakseneb. Aseta nuudlipesad soojale serveerimisvaagnale ja tõsta peale praetud homaar.

Rannakarbid musta oa kastmes

Serveerib 4

45 ml/3 spl maapähkliõli (maapähklid).
2 küüslauguküünt, purustatud
2 viilu ingverijuurt, tükeldatud
30 ml/2 spl musta oa kastet
15 ml/1 spl sojakastet
1,5 kg puhastatud ja raseeritud rannakarpe
2 murulauku (murulauk), hakitud

Kuumuta õli ning prae küüslauku ja ingverit 30 sekundit. Lisa musta oa kaste ja sojakaste ning prae segades 10 sekundit. Lisa rannakarbid, kata ja küpseta umbes 6 minutit, kuni rannakarbid on avanenud. Visake ära kõik, mis jääb suletuks. Tõsta kuumutatud taldrikule ja serveeri murulauguga üle puistatuna.

Rannakarbid ingveriga

Serveerib 4

45 ml/3 spl maapähkliõli (maapähklid).
2 küüslauguküünt, purustatud
4 viilu ingverijuurt, tükeldatud
1,5 kg puhastatud ja raseeritud rannakarpe
45 ml/3 supilusikatäit vett
15 ml/1 spl austrikastet

Kuumuta õli ning prae küüslauku ja ingverit 30 sekundit. Lisa rannakarbid ja vesi, kata kaanega ja küpseta umbes 6 minutit, kuni rannakarbid on avanenud. Visake ära kõik, mis jääb suletuks. Tõsta soojale taldrikule ja serveeri austrikastmega üle niristatud.

Keedetud rannakarbid

Serveerib 4

1,5 kg puhastatud ja raseeritud rannakarpe
45 ml/3 spl sojakastet
3 šalottsibulat (murulauk), peeneks hakitud

Asetage rannakarbid auruti restile, katke kaanega ja aurutage keevas vees umbes 10 minutit, kuni kõik rannakarbid on avanenud. Visake ära kõik, mis jääb suletuks. Tõsta soojendatud serveerimistaldrikule ning serveeri sojakastme ja murulauguga piserdatuna.

Praetud austrid

Serveerib 4

24 austrit, tükeldatud
soola ja värskelt jahvatatud pipart
1 lahtiklopitud muna
50 g/2 untsi/¬Ω tassi tavalist jahu (universaalne)
250 ml/8 fl untsi/1 tass vett
prae õli
4 šalottsibulat (murulauk), hakitud

Puista austrid soola ja pipraga. Vahusta muna jahu ja veega, kuni saad taigna ja kasuta seda austrite katmiseks. Kuumuta õli ja prae austrid kuldpruuniks. Nõruta need majapidamispaberil ja serveeri murulauguga kaunistatult.

Austrid peekoniga

Serveerib 4

175 g/6 untsi peekonit

24 austrit, tükeldatud

1 muna, kergelt lahtiklopitud

15 ml/1 supilusikatäis vett

45 ml/3 spl maapähkliõli (maapähklid).

2 sibulat, hakitud

15 ml/1 spl maisijahu (maisitärklis)

15 ml/1 spl sojakastet

90 ml/6 spl kanapuljongit

Lõika peekon väikesteks tükkideks ja keera tükk iga austri ümber. Klopi muna veega lahti ja kasta see austrite sisse, et need katta. Kuumuta pool õlist ja prae austrid mõlemalt poolt kergelt pruunikaks, eemalda pannilt ja kurna rasv. Kuumuta ülejäänud õli ja prae sibulad pehmeks. Segage maisijahu, sojakaste ja puljong pastaks, valage pannile ja keetke segades, kuni kaste muutub heledamaks ja paksemaks. Vala austritele ja serveeri kohe.

Praetud austrid ingveriga

Serveerib 4

24 austrit, tükeldatud
2 viilu ingverijuurt, tükeldatud
30 ml/2 spl sojakastet
15 ml/1 spl riisiveini või kuiva šerrit
4 sibulat (murulauk), ribadeks lõigatud
100 g/4 untsi peekonit
1 muna
50 g/2 untsi/¬Ω tassi tavalist jahu (universaalne)
soola ja värskelt jahvatatud pipart
prae õli
1 sidrun, viiludeks lõigatud

Asetage austrid kaussi koos ingveri, sojakastme ja veini või šerriga ning viska katteks. Lase 30 minutit puhata. Aseta iga austri peale paar murulauku. Lõika peekon väikesteks tükkideks ja keera tükk iga austri ümber. Klopi muna ja jahu taignaks ning maitsesta soola ja pipraga. Kastke austrid taignasse, kuni need on hästi kaetud. Kuumuta õli ja prae austrid kuldpruuniks. Serveeri sidruniviiludega kaunistatult.

Austrid musta oa kastmega

Serveerib 4

350 g/12 untsi tükeldatud austrid
120 ml/4 fl untsi/¬Ω tassi maapähkliõli.
2 küüslauguküünt, purustatud
3 talisibulat (scallions), viilutatud
15 ml/1 spl musta oa kastet
30 ml/2 spl tumedat sojakastet
15 ml/1 spl seesamiõli
näputäis tšillipulbrit

Blanšeeri austreid 30 sekundit keevas vees ja nõruta. Kuumuta oliiviõli ja prae küüslauku ja murulauku 30 sekundit. Lisa musta oa kaste, sojakaste, seesamiõli ja austrid ning maitsesta tšillipulbriga. Prae kuni valmimiseni ja serveeri kohe.

Kammkarbid bambusevõrsetega

Serveerib 4

60 ml/4 spl maapähkliõli (maapähklid).
6 murulauku (murulauk), hakitud
225 g/8 untsi seeni, lõigatud neljandikku
15 ml/1 spl suhkrut
450 g kooritud kammkarpe
2 viilu ingverijuurt, tükeldatud
225g/8oz bambusevõrsed, viilutatud
soola ja värskelt jahvatatud pipart
300 ml/¬Ω pt/1¬° klaasi vett
30 ml/2 spl veiniäädikat
30 ml/2 spl maisijahu (maisitärklis)
150 ml / ¬° pt / rikkalik tass vett
45 ml/3 spl sojakastet

Kuumuta õli ning prae sibulaid ja seeni 2 minutit. Lisa suhkur, kammkarbid, ingver, bambusevõrsed, sool ja pipar, kata kaanega ja küpseta 5 minutit. Lisa vesi ja veiniäädikas, kuumuta keemiseni, kata kaanega ja keeda 5 minutit. Sega maisitärklis ja vesi pastaks, lisa pannile ja küpseta segades, kuni kaste pakseneb. Maitsesta sojakastmega ja serveeri.

Kammkarbid munaga

Serveerib 4

45 ml/3 spl maapähkliõli (maapähklid).
350 g kooritud kammkarpe
25 g/1 unts suitsusink, tükeldatud
30 ml/2 spl riisiveini või kuiva šerrit
5 ml / 1 tl suhkrut
2,5 ml/¬Ω teelusikatäis soola
näputäis värskelt jahvatatud pipart
2 muna kergelt lahtiklopitud
15 ml/1 spl sojakastet

Kuumuta õli ja prae kammkarpe 30 sekundit. Lisa sink ja pruunista 1 minut. Lisage vein või šerri, suhkur, sool ja pipar ning hautage 1 minut. Lisa munad ja sega õrnalt kõrgel kuumusel, kuni koostisosad on munaga korralikult kaetud. Serveeri sojakastmega üle piserdatuna.

Kammkarbid brokkoliga

Serveerib 4

350 g kammkarpe, viilutatud

3 viilu ingverijuurt, tükeldatud

¬Ω väike porgand, viilutatud

1 küüslauguküüs, purustatud

45 ml/3 supilusikatäit tavalist jahu (universaalne)

2,5 ml/¬Ω teelusikatäis naatriumvesinikkarbonaati (naatriumvesinikkarbonaat)

30 ml/2 spl maapähkliõli (maapähklid)

15 ml/1 supilusikatäis vett

1 banaan, viilutatud

prae õli

275 g / 10 untsi brokkoli

soola

5 ml/1 tl seesamiõli

2,5 ml/¬Ω teelusikatäis tšillikastet

2,5 ml/¬Ω tl veiniäädikat

2,5 ml/¬Ω teelusikatäis tomatipüreed (kontsentraat)

Sega kammkarbid ingveri, porgandi ja küüslauguga ning jäta puhkama. Segage jahu, soodavesinikkarbonaat, 15 ml/1 spl õli ja vesi pastaks ning kasutage seda banaaniviilude katmiseks.

Kuumuta õli ja prae banaan kuldpruuniks, nõruta ja tõsta sooja serveerimistaldriku ümber. Vahepeal keeda brokkoli soolaga maitsestatud keevas vees pehmeks ja nõruta. Kuumuta ülejäänud õli seesamiõliga ja pruunista korraks brokolit, seejärel aseta need banaanidega taldriku ümber. Lisa pannile piprakaste, veiniäädikas ja tomatipüree ning prae kammkarbid küpseks. Laota serveerimistaldrikule ja serveeri kohe.

Kammkarbid ingveriga

Serveerib 4

45 ml/3 spl maapähkliõli (maapähklid).
2,5 ml/½ teelusikatäis soola
3 viilu ingverijuurt, tükeldatud
2 šalottsibulat (murulauk), lõigatud paksudeks viiludeks
450 g kooritud kammkarpe, pooleks lõigatud
15 ml/1 spl maisijahu (maisitärklis)
60 ml/4 spl vett

Kuumuta õli ning prae soolas ja ingveris 30 sekundit. Lisa murulauk ja prae kergelt pruuniks. Lisa kammkarbid ja pruunista neid 3 minutit. Segage maisitärklis ja vesi, kuni see moodustab pasta, lisage see pannile ja küpseta segades, kuni see pakseneb. Serveeri kohe.

Kammkarbid singiga

Serveerib 4

450 g kooritud kammkarpe, pooleks lõigatud
250 ml/8 fl untsi/1 tass riisiveini või kuiva šerrit
1 sibul, peeneks hakitud
2 viilu ingverijuurt, tükeldatud
2,5 ml/¬Ω teelusikatäis soola
100 g/4 untsi suitsusink, tükeldatud

Aseta kammkarbid kaussi ja lisa vein või šerri. Katke ja marineerige 30 minutit, aeg-ajalt keerates, seejärel kurnake kammkarbid ja visake marinaad ära. Laota kammkarbid koos teiste koostisosadega ahjuvormi. Aseta roog aurutamisrestile, kata ja auruta keevas vees umbes 6 minutit, kuni kammkarbid on pehmed.

Segatud kammkarbid ürtidega

Serveerib 4

225 g kooritud kammkarpe
30 ml/2 spl hakitud värsket koriandrit
4 lahtiklopitud muna
15 ml/1 spl riisiveini või kuiva šerrit
soola ja värskelt jahvatatud pipart
15 ml/1 spl maapähkliõli

Aseta kammkarbid aurutisse ja küpseta umbes 3 minutit, kuni need on küpsed, olenevalt nende suurusest. Tõsta aurult ja puista üle koriandriga. Klopi munad veini või šerriga lahti ja maitsesta soola ja pipraga. Lisa kammkarbid ja koriander. Kuumuta õli ning prae muna ja kammkarbi segus pidevalt segades, kuni munad on tardunud. Serveeri kohe.

Praetud kammkarbid ja sibul

Serveerib 4

45 ml/3 spl maapähkliõli (maapähklid).
1 sibul, viilutatud
450 g kooritud kammkarpe, lõigatud neljaks
soola ja värskelt jahvatatud pipart
15 ml/1 spl riisiveini või kuiva šerrit

Kuumuta õli ja prae sibulat pehmeks. Lisa kammkarbid ja prae kergelt pruunikaks. Maitsesta soola ja pipraga, nirista peale veini või šerrit ja serveeri kohe.

Kammkarbid köögiviljadega

Serveerib 4,Äi6

4 kuivatatud hiina seeni
2 sibulat
30 ml/2 spl maapähkliõli (maapähklid)
3 selleripulka, lõigatud diagonaalselt
225 g rohelisi ube, lõigatud diagonaalselt
10 ml/2 tl riivitud ingverijuurt
1 küüslauguküüs, purustatud
20 ml/4 tl maisijahu (maisitärklis)
250 ml/8 fl untsi/1 tass kanapuljongit
30 ml/2 spl riisiveini või kuiva šerrit
30 ml/2 spl sojakastet
450 g kooritud kammkarpe, lõigatud neljaks
6 talisibulat (scallions), viilutatud
425 g/15 untsi konserveeritud maisitõlvikud

Leota seeni 30 minutit soojas vees ja nõruta. Eemaldage varred ja lõigake pealsed. Lõika sibul viiludeks ja eralda kihid. Kuumuta õli ja prae sibulat, sellerit, ube, ingverit ja küüslauku 3 minutit. Sega maisijahu osa puljongiga, seejärel lisa ülejäänud puljong, vein või šerri ja sojakaste. Lisa vokkpannile ja kuumuta segades keemiseni. Lisa seened, kammkarbid, talisibul ja mais ning prae umbes 5 minutit, kuni kammkarbid on pehmed.

Kammkarbid paprikaga

Serveerib 4

30 ml/2 spl maapähkliõli (maapähklid)
3 murulauku (murulauk), hakitud
1 küüslauguküüs, purustatud
2 viilu ingverijuurt, tükeldatud
2 punast paprikat, tükeldatud
450 g kooritud kammkarpe
30 ml/2 spl riisiveini või kuiva šerrit
15 ml/1 spl sojakastet
15 ml/1 spl kollase oa kastet
5 ml / 1 tl suhkrut
5 ml/1 tl seesamiõli

Kuumuta õli ja prae murulauku, küüslauku ja ingverit 30 sekundit. Lisa paprika ja pruunista neid 1 minut. Lisa kammkarbid ja prae 30 sekundit, seejärel lisa ülejäänud koostisosad ja küpseta umbes 3 minutit, kuni kammkarbid on pehmed.

Kalamari oa idanditega

Serveerib 4

450 g / 1 nael kalamari
30 ml/2 spl maapähkliõli (maapähklid)
15 ml/1 spl riisiveini või kuiva šerrit
100 g sojaidusid
15 ml/1 spl sojakastet
soola
1 punane tšilli, riivitud
2 viilu ingverijuurt, riivitud
2 sibulat (murulauk), riivitud

Eemaldage kalmaari pea, sooled ja membraan ning lõigake need suurteks tükkideks. Lõika igasse tükki ristikujuline muster. Kuumuta pannil vesi keemiseni, lisa kalamari ja küpseta, kuni tükid kõverduvad, eemalda ja nõruta. Kuumuta pool oliiviõlist ja pruunista kalmaar kiiresti. Piserdage veini või šerriga. Vahepeal kuumuta ülejäänud õli ja prae oavõrsed pehmeks. Maitsesta sojakastme ja soolaga. Laota tšilli, ingver ja talisibul serveerimistaldriku ümber. Aseta oadud keskele ja kata kalmaaridega. Serveeri kohe.

Praetud kalmaar

Serveerib 4

50 g/2 untsi tavalist jahu (universaalne)
25 g/1 untsi/¬° tassi maisijahu (maisitärklis)
2,5 ml/¬Ω teelusikatäis küpsetuspulbrit
2,5 ml/¬Ω teelusikatäis soola
1 muna
75 ml/5 spl vett
15 ml/1 spl maapähkliõli
450 g/1 naela kalamari, lõigatud rõngasteks
prae õli

Vahusta jahu, maisijahu, küpsetuspulber, sool, muna, vesi ja õli, kuni moodustub tainas. Kastke kalmaar taignasse, kuni see on hästi kaetud. Kuumuta õli ja prae kalmaari paar tükki korraga kuni kuldpruunini. Nõruta majapidamispaberil enne serveerimist.

Kalamari pakid

Serveerib 4

8 kuivatatud hiina seeni

450 g / 1 nael kalamari

100g/4oz suitsusink

100 g/4 untsi tofut

1 lahtiklopitud muna

15 ml/1 supilusikatäis tavalist jahu (universaalne)

2,5 ml/¬Ω teelusikatäis suhkrut

2,5 ml/¬Ω tl seesamiõli

soola ja värskelt jahvatatud pipart

8 wontoni nahka

prae õli

Leota seeni 30 minutit soojas vees ja nõruta. Visake varred ära.
Koorige kalmaar ja lõigake 8 tükiks. Lõika sink ja tofu 8 tükiks.
Asetage need kõik kaussi. Sega muna jahu, suhkru, seesamiõli,
soola ja pipraga. Vala kausis olevate koostisosade peale ja sega
õrnalt läbi. Asetage seenekübar ja tükk kalmaari, sinki ja tofut
iga wontoni naha keskosa alla. Voldi alumine nurk kokku, murra
küljed kokku ja rulli kokku, niisutades servi tihendamiseks
veega. Kuumuta õli ja prae viile umbes 8 minutit, kuni need on
kuldpruunid. Nõruta enne serveerimist hästi.

Praetud kalamari rullid

Serveerib 4

45 ml/3 spl maapähkliõli (maapähklid).
225g/8oz kalamari rõngad
1 suur roheline paprika, lõigatud tükkideks

100 g/4 untsi bambusevõrseid, viilutatud
2 murulauku (murulauk), peeneks hakitud
1 viil ingverijuurt, peeneks hakitud
45 ml/2 spl sojakastet
30 ml/2 spl riisiveini või kuiva šerrit
15 ml/1 spl maisijahu (maisitärklis)
15 ml/1 spl kalapuljongit või vett
5 ml / 1 tl suhkrut
5 ml/1 tl veiniäädikat
5 ml/1 tl seesamiõli
soola ja värskelt jahvatatud pipart

Kuumutage 15 ml/1 spl õli ja praege kalmaarirõngad kiiresti, kuni need on suletud. Samal ajal kuumuta eraldi pannil ülejäänud õli ja prae 2 minutit paprikat, bambusevõrseid, talisibulat ja ingverit. Lisa kalmaar ja pruunista neid 1 minut. Lisa sojakaste, vein või šerri, maisijahu, puljong, suhkur, veiniäädikas ja seesamiõli ning maitsesta soola ja pipraga. Prae, kuni kaste muutub heledamaks ja paksemaks.

Hautatud kalamari

Serveerib 4

45 ml/3 spl maapähkliõli (maapähklid).

3 šalottsibulat (murulauk), lõigatud paksudeks viiludeks

2 viilu ingverijuurt, tükeldatud

450 g/1 naela kalmaari, tükkideks lõigatud

15 ml/1 spl sojakastet

15 ml/1 spl riisiveini või kuiva šerrit

5 ml/1 tl maisijahu (maisitärklis)

15 ml/1 supilusikatäis vett

Kuumuta õli ning prae talisibul ja ingver pehmeks. Lisa kalamari ja prae neid, kuni need on õliga kaetud. Lisa sojakaste ja vein või šerri, kata kaanega ja küpseta 2 minutit. Sega maisitärklis ja vesi pastaks, lisa pannile ja küpseta segades, kuni kaste on paksenenud ja kalamari pehme.

Kalamari kuivatatud seentega

Serveerib 4

50g/2oz kuivatatud hiina seeni

450 g/1 naela kalamarirõngad

45 ml/3 spl maapähkliõli (maapähklid).

45 ml/3 spl sojakastet

2 murulauku (murulauk), peeneks hakitud
1 viil ingverijuurt, tükeldatud
225 g/8 untsi ribadeks lõigatud bambusevõrsed
30 ml/2 spl maisijahu (maisitärklis)
150 ml / ¬° pt / rikkalik tass kalapuljongit

Leota seeni 30 minutit soojas vees ja nõruta. Eemaldage varred ja lõigake pealsed. Blanšeeri kalmaarirõngaid mõni sekund keevas vees. Kuumuta oliiviõli, lisa seened, sojakaste, talisibul ja ingver ning prae 2 minutit. Lisa kalmaar ja bambusevõrsed ning prae 2 minutit. Sega omavahel maisijahu ja puljong ning vala pannile. Küpseta segades, kuni kaste muutub heledamaks ja paksemaks.

Kalamari köögiviljadega

Serveerib 4

45 ml/3 spl maapähkliõli (maapähklid).
1 sibul, viilutatud
5 ml/1 tl soola
450 g/1 naela kalmaari, tükkideks lõigatud
100 g/4 untsi bambusevõrseid, viilutatud
2 varssellerit, lõigatud diagonaalselt

60 ml/4 spl kanapuljongit

5 ml / 1 tl suhkrut

100 g/4 untsi lumeherned (herned)

5 ml / 1 tl maisijahu (maisitärklis)

15 ml/1 supilusikatäis vett

Kuumuta õli ning prae sibul ja sool kergelt pruuniks. Lisa kalamari ja prae õlis kattumiseni. Lisa bambusevõrsed ja seller ning prae 3 minutit. Lisa puljong ja suhkur, lase keema tõusta, kata ja keeda 3 minutit, kuni köögiviljad on pehmed. Sega juurde lumeherned. Sega maisitärklis ja vesi pastaks, lisa pannile ja küpseta segades, kuni kaste pakseneb.

Aniisis hautatud praad

Serveerib 4

30 ml/2 spl maapähkliõli (maapähklid)

450 g/1 naela praad

1 küüslauguküüs, purustatud

45 ml/3 spl sojakastet

15 ml/1 supilusikatäis vett

15 ml/1 spl riisiveini või kuiva šerrit

5 ml/1 tl soola

5 ml / 1 tl suhkrut

2 nelki tähtaniisi

Kuumuta õli ja prae liha igast küljest pruuniks. Lisa ülejäänud ained, lase keema tõusta, kata kaanega ja jäta umbes 45 minutiks podisema, seejärel keera liha ümber, lisades veel veidi vett ja sojakastet, kui see ära kuivab. Küpseta veel 45 minutit, kuni liha on pehme. Enne serveerimist eemalda tähtaniis.

Veiseliha spargliga

Serveerib 4

450 g/1 nael kintsuliha, kuubikutena

30 ml/2 spl sojakastet

30 ml/2 spl riisiveini või kuiva šerrit

45 ml/3 spl maisijahu (maisitärklis)

45 ml/3 spl maapähkliõli (maapähklid).

5 ml/1 tl soola

1 küüslauguküüs, purustatud

350 g/12 untsi spargliotsad

120 ml/4 fl untsi/¬Ω tassi kanapuljongit

15 ml/1 spl sojakastet

Aseta praad kaussi. Sega omavahel sojakaste, vein või šerri ja 30ml/2spl maisijahu, vala steigile ja sega korralikult läbi. Lase 30 minutit marineerida. Kuumuta oliiviõli koos soola ja küüslauguga ning prae, kuni küüslauk on kergelt pruunistunud. Lisa liha ja marinaad ning pruunista 4 minutit. Lisa spargel ja pruunista neid õrnalt 2 minutit. Lisa puljong ja sojakaste, kuumuta keemiseni ja küpseta segades 3 minutit, kuni liha on küps. Sega ülejäänud maisijahu veel vähese vee või puljongiga ja sega kastmesse. Küpseta segades mõni minut, kuni kaste muutub heledamaks ja paksemaks.

Veiseliha bambusevõrsetega

Serveerib 4

45 ml/3 spl maapähkliõli (maapähklid).
1 küüslauguküüs, purustatud
1 murulauk (murulauk), hakitud
1 viil ingverijuurt, tükeldatud
225g/8oz lahja veiseliha, lõigatud ribadeks
100 g bambusevõrseid
45 ml/3 spl sojakastet
15 ml/1 spl riisiveini või kuiva šerrit
5 ml/1 tl maisijahu (maisitärklis)

Kuumuta õli ning prae küüslauk, talisibul ja ingver kergelt kuldseks. Lisa liha ja prae 4 minutit, kuni see on kergelt pruunistunud. Lisa bambusevõrsed ja prae 3 minutit. Lisa sojakaste, vein või šerri ja maisijahu ning prae 4 minutit.

Veiseliha bambusevõrsete ja seentega

Serveerib 4

225g/8oz lahja veiseliha
45 ml/3 spl maapähkliõli (maapähklid).
1 viil ingverijuurt, tükeldatud
100 g/4 untsi bambusevõrseid, viilutatud
100 g seeni, viilutatud
45 ml/3 spl riisiveini või kuiva šerrit
5 ml / 1 tl suhkrut
10 ml/2 tl sojakastet
sool ja pipar
120 ml/4 fl oz/¬Ω tassi veiselihapuljongit
15 ml/1 spl maisijahu (maisitärklis)
30 ml/2 supilusikatäit vett

Viiluta liha õhukeselt vastu tera. Kuumuta õli ja pruunista ingverit mõni sekund. Lisa liha ja prae kuldpruuniks. Lisa bambusevõrsed ja seened ning prae 1 minut. Lisa vein või šerri, suhkur ja sojakaste ning maitsesta soola ja pipraga. Lisa puljong, lase keema tõusta, kata ja keeda 3 minutit. Sega maisitärklis ja vesi, lisa pannile ning kuumuta segades, kuni kaste pakseneb.

Hiina rostbiif

Serveerib 4

45 ml/3 spl maapähkliõli (maapähklid).

900 g / 2 naela veiselihapraad

1 murulauk (sibul), viilutatud

1 küüslauguküüs, hakitud

1 viil ingverijuurt, tükeldatud

60 ml/4 spl sojakastet

30 ml/2 spl riisiveini või kuiva šerrit

5 ml / 1 tl suhkrut

5 ml/1 tl soola

näputäis pipart

750 ml / 1 pt / 3 tassi keeva vett

Kuumuta õli ja pruunista liha kiiresti igast küljest. Lisa šalottsibul, küüslauk, ingver, sojakaste, vein või šerri, suhkur, sool ja pipar. Kuumuta segades keemiseni. Lisa keev vesi, kuumuta segades keemiseni, kata kaanega ja küpseta umbes 2 tundi, kuni liha on pehme.

Veiseliha oa võrsetega

Serveerib 4

450 g/1 nael lahja veiseliha, viilutatud
1 munavalge
30 ml/2 spl maapähkliõli (maapähklid)
15 ml/1 spl maisijahu (maisitärklis)
15 ml/1 spl sojakastet
100 g sojaidusid
25 g/1 unts marineeritud kapsas, hakitud
1 punane tšilli, riivitud
2 sibulat (murulauk), riivitud
2 viilu ingverijuurt, riivitud
soola
5 ml/1 tl austrikastet
5 ml/1 tl seesamiõli

Sega liha munavalge, poole oliiviõli, maisijahu ja sojakastmega ning jäta 30 minutiks seisma. Blanšeeri oadud keevas vees umbes

8 minutit, kuni need on peaaegu pehmed, seejärel nõruta. Kuumuta ülejäänud õli ja prae liha kuldpruuniks, seejärel eemalda pannilt. Lisa marineeritud kapsas, tšilli, ingver, sool, austrikaste ja seesamiõli ning prae 2 minutit. Lisa oad ja pruunista neid 2 minutit. Tõsta liha tagasi pannile ja prae, kuni see on hästi segunenud ja läbi kuumutatud. Serveeri kohe.

Veiseliha brokkoliga

Serveerib 4

450 g/1 naela kintsuliha, lõigatud õhukesteks viiludeks
30 ml/2 spl maisijahu (maisitärklis)
15 ml/1 spl riisiveini või kuiva šerrit
15 ml/1 spl sojakastet
30 ml/2 spl maapähkliõli (maapähklid)
5 ml/1 tl soola
1 küüslauguküüs, purustatud
225 g brokoli õisikuid
150 ml/¬° pt/tass ¬Ω veiselihapuljongit

Aseta praad kaussi. Sega 15ml/1spl maisijahu veini või šerri ja sojakastmega, sega lihale ja jäta 30 minutiks marineeruma. Kuumuta oliiviõli koos soola ja küüslauguga ning prae, kuni küüslauk on kergelt pruunistunud. Lisa praad ja marinaad ning prae 4 minutit. Lisa brokkoli ja prae 3 minutit. Lisa puljong, kuumuta keemiseni, kata kaanega ja keeda 5 minutit, kuni brokkoli on pehme, kuid siiski krõmpsuv. Sega ülejäänud maisijahu vähese veega ja sega kastmesse. Küpseta segades, kuni kaste muutub heledamaks ja paksemaks.

Seesami veiseliha brokkoliga

Serveerib 4

150 g/5 untsi lahja veiseliha, õhukeselt viilutatud

2,5 ml/¬Ω teelusikatäis austrikastet

5 ml/1 tl maisijahu (maisitärklis)

5 ml/1 tl valge veini äädikat

60 ml/4 spl maapähkliõli (maapähklid).

100 g brokoli õisikuid

5 ml/1 tl kalakastet

2,5 ml/¬Ω teelusikatäis sojakastet

250 ml/8 fl untsi/1 tass veiselihapuljongit

30 ml/2 spl seesamiseemneid

Marineerige liha austrikastme, 2,5 ml/¬Ω teelusikatäie maisijahu, 2,5 ml/¬Ω tl veiniäädika ja 15 ml/¬Ω teelusikatäie õliga iga 1 tunni järel.

Samal ajal kuumuta 15 ml/1 spl õli, lisa brokoli, 2,5 ml/¬Ω tl kalakastet, sojakaste ja ülejäänud veiniäädikas ning kata keeva veega. Küpseta umbes 10 minutit, kuni see on pehme.

Kuumuta eraldi pannil 30ml/2spl õli ja pruunista liha korraks pruuniks. Lisa puljong, ülejäänud maisijahu ja kalakaste, kuumuta keemiseni, kata kaanega ja küpseta umbes 10 minutit, kuni liha on pehme. Nõruta brokkoli ja laota see soojale serveerimistaldrikule. Kata lihaga ja puista ohtralt seesamiseemnetega.

Rostbiif

Serveerib 4

450 g/1 naela lahja praad, viilutatud

60 ml/4 spl sojakastet

2 küüslauguküünt, purustatud

5 ml/1 tl soola

2,5 ml/¬Ω teelusikatäis värskelt jahvatatud pipart

10 ml/2 tl suhkrut

Sega kõik ained kokku ja jäta 3 tunniks marineerima. Grilli või prae kuumal grillil mõlemalt poolt umbes 5 minutit.

Kantoni liha

Serveerib 4

30 ml/2 spl maisijahu (maisitärklis)
2 munavalget, lahtiklopitud
450 g/1 naela praad, ribadeks lõigatud
prae õli
4 selleripulka, viilutatud
2 sibulat, viilutatud
60 ml/4 spl vett
20 ml/4 tl soola
75 ml/5 spl sojakastet
60 ml/4 spl riisiveini või kuiva šerrit
30 ml / 2 spl suhkrut
värskelt jahvatatud pipar

Sega pool maisijahust munavalgetega. Lisa praad ja sega, et liha kataks taignaga. Kuumuta õli ja prae praad kuldpruuniks. Tõsta pannilt ja nõruta köögipaberil. Kuumuta 15 ml/1 spl õli ning prae sellerit ja sibulat 3 minutit. Lisa liha, vesi, sool, sojakaste, vein või šerri ja suhkur ning maitsesta pipraga. Kuumuta keemiseni ja keeda segades, kuni kaste pakseneb.

Liha porgandiga

Serveerib 4

30 ml/2 spl maapähkliõli (maapähklid)
450 g/1 nael lahja veiseliha, kuubikuteks lõigatud
2 talisibulat (scallions), viilutatud
2 küüslauguküünt, purustatud
1 viil ingverijuurt, tükeldatud
250 ml/8 fl untsi/1 tass sojakastet
30 ml/2 spl riisiveini või kuiva šerrit
30 ml/2 spl fariinsuhkrut
5 ml/1 tl soola
600 ml/1 pt/2¬Ω tassi vett
4 diagonaalselt lõigatud porgandit

Kuumuta õli ja prae liha kergelt pruunikaks. Nõruta üleliigne õli ning lisa murulauk, küüslauk, ingver ja aniis ning prae 2 minutit. Lisa sojakaste, vein või šerri, suhkur ja sool ning sega korralikult läbi. Lisa vesi, lase keema tõusta, kata kaanega ja keeda 1 tund. Lisa porgandid, kata ja küpseta veel 30 minutit. Eemaldage kaas ja küpseta, kuni kaste on vähenenud.

Liha india pähklitega

Serveerib 4

60 ml/4 spl maapähkliõli (maapähklid).

450 g/1 naela kintsuliha, lõigatud õhukesteks viiludeks

8 šalottsibulat (murulauk), lõigatud tükkideks

2 küüslauguküünt, purustatud

1 viil ingverijuurt, tükeldatud

75 g/3 untsi/¬œ tassi röstitud india pähkleid

120 ml/4 fl untsi/¬Ω tassi vett

20 ml/4 tl maisijahu (maisitärklis)

20 ml/4 tl sojakastet

5 ml/1 tl seesamiõli

5 ml/1 tl austrikastet

5 ml/1 tl tšillikastet

Kuumuta pool õlist ja prae liha kergelt pruunikaks. Eemalda pannilt. Kuumuta ülejäänud oliiviõli ja prae murulauku, küüslauku, ingverit ja india pähkleid 1 minut. Tõsta liha tagasi pannile. Sega ülejäänud koostisosad ja sega segu pannile. Kuumuta keemiseni ja keeda segades, kuni segu pakseneb.

Slow Cooker veiseliha pajaroog

Serveerib 4

30 ml/2 spl maapähkliõli (maapähklid)

450 g/1 nael hautatud veiseliha, kuubikutena

3 viilu ingverijuurt, tükeldatud

3 porgandit, viilutatud

1 kaalikas, tükeldatud

15 ml/1 spl kivideta musti datleid

15 ml/1 supilusikatäis lootoseseemneid

30 ml/2 spl tomatipüreed (pasta)

10 ml / 2 spl soola

900 ml/1¬Ω punkti/3¬œ tassi veisepuljongit

250 ml/8 fl untsi/1 tass riisiveini või kuiva šerrit

Kuumuta suures kuumakindlas potis või pannil õli ja prae liha igast küljest pruuniks.

Veiseliha lillkapsaga

Serveerib 4

225 g lillkapsa õisikuid

prae õli

225 g/8 untsi veiseliha, ribadeks lõigatud

50 g/2 untsi ribadeks lõigatud bambusevõrseid

10 vesikastanit, lõigatud ribadeks

120 ml/4 fl untsi/¬Ω tassi kanapuljongit

15 ml/1 spl sojakastet

15 ml/1 spl austrikastet

15 ml/1 spl tomatipüree (pasta)

15 ml/1 spl maisijahu (maisitärklis)

2,5 ml/¬Ω tl seesamiõli

Keeda lillkapsast 2 minutit keevas vees ja nõruta. Kuumuta õli ja prae lillkapsast kuni see on kergelt kuldne. Eemalda ja nõruta majapidamispaberil. Kuumuta õli ja prae liha kuldpruuniks, eemalda ja nõruta. Vala peale 15 ml/1 spl õli ning prae bambusevõrseid ja vesikastaneid 2 minutit. Lisa ülejäänud koostisosad, lase keema tõusta ja keeda segades, kuni kaste pakseneb. Tõsta liha ja lillkapsas pannile tagasi ning kuumuta õrnalt uuesti. Serveeri kohe.

Veiseliha selleriga

Serveerib 4

100 g sellerit, lõigatud ribadeks

45 ml/3 spl maapähkliõli (maapähklid).

2 murulauku (murulauk), hakitud

1 viil ingverijuurt, tükeldatud

225g/8oz lahja veiseliha, lõigatud ribadeks

30 ml/2 spl sojakastet

30 ml/2 spl riisiveini või kuiva šerrit

2,5 ml/½ teelusikatäis suhkrut

2,5 ml/½ teelusikatäis soola

Blanšeeri sellerit 1 minut keevas vees ja nõruta hästi. Kuumuta õli ning prae sibul ja ingver kergelt kuldseks. Lisa liha ja pruunista 4 minutit. Lisa seller ja prae 2 minutit. Lisa sojakaste, vein või šerri, suhkur ja sool ning prae 3 minutit.

Praetud lihakrõpsud selleriga

Serveerib 4

30 ml/2 spl maapähkliõli (maapähklid)

450 g/1 nael lahja veiseliha, lõigatud ribadeks

3 selleripulka, tükeldatud

1 sibul, riivitud

1 murulauk (sibul), viilutatud

1 viil ingverijuurt, tükeldatud

30 ml/2 spl sojakastet

15 ml/1 spl riisiveini või kuiva šerrit

2,5 ml/½ teelusikatäis suhkrut

2,5 ml/½ teelusikatäis soola

10 ml/2 tl maisijahu (maisitärklis)

30 ml/2 supilusikatäit vett

Kuumuta pool õlist kuumaks ja prae liha 1 minut, kuni see on pruunistunud. Eemalda pannilt. Kuumuta ülejäänud õli ning prae seller, sibul, talisibul ja ingver kergelt pehmeks. Tõsta liha koos sojakastme, veini või šerriga, suhkru ja soolaga pannile tagasi, kuumuta keemiseni ja prae läbikuumenemiseni. Sega maisijahu ja vesi, lisa pannile ja keeda, kuni kaste pakseneb. Serveeri kohe.

Tükeldatud liha kana ja selleriga

Serveerib 4

4 kuivatatud hiina seeni

45 ml/3 spl maapähkliõli (maapähklid).

2 küüslauguküünt, purustatud

1 ingverijuur, viilutatud, tükeldatud

5 ml/1 tl soola

100 g/4 untsi lahja veiseliha, lõigatud ribadeks

100 g/4 untsi kana, lõigatud ribadeks

2 porgandit, ribadeks lõigatud

2 varssellerit, lõigatud ribadeks

4 sibulat (murulauk), ribadeks lõigatud
5 ml / 1 tl suhkrut
5 ml/1 tl sojakastet
5 ml/1 tl riisiveini või kuiva šerrit
45 ml/3 supilusikatäit vett
5 ml/1 tl maisijahu (maisitärklis)

Leota seeni 30 minutit soojas vees ja nõruta. Eemaldage varred ja tükeldage pealsed. Kuumuta õli ning prae küüslauku, ingverit ja soola kergelt pruunikaks. Lisa liha ja kana ning prae, kuni need hakkavad pruunistuma. Lisa seller, murulauk, suhkur, sojakaste, vein või šerri ja vesi ning kuumuta keemiseni. Kata kaanega ja küpseta umbes 15 minutit, kuni liha on pehme. Sega maisijahu vähese veega, lisa kastmele ja keeda segades, kuni kaste on paksenenud.

Veiseliha tšillipipraga

Serveerib 4

450g kintsuliha ribadeks lõigatud
45 ml/3 spl sojakastet
15 ml/1 spl riisiveini või kuiva šerrit
15 ml/1 spl fariinsuhkrut
15 ml/1 spl peeneks hakitud ingverijuurt
30 ml/2 spl maapähkliõli (maapähklid)
50 g/2 untsi bambusevõrseid, tikutopsideks lõigatud
1 sibul, ribadeks lõigatud
1 selleripulk, lõigatud tikutopsi
2 punast paprikat, seemnetest puhastatud ja ribadeks lõigatud
120 ml/4 fl untsi/¬Ω tassi kanapuljongit
15 ml/1 spl maisijahu (maisitärklis)

Aseta praad kaussi. Sega sojakaste, vein või šerri, suhkur ja ingver ning sega steigi hulka. Lase 1 tund marineerida. Eemalda praad marinaadist. Kuumuta pool õlist ja prae bambusevõrseid, sibulat, sellerit ja pipart 3 minutit, seejärel eemalda pannilt. Kuumuta ülejäänud õli ja prae steiki 3 minutit. Lisa marinaad, lase keema tõusta ja lisa praetud köögiviljad. Keeda segades 2 minutit. Sega puljong ja maisijahu ning lisa pannile. Kuumuta keemiseni ja keeda segades, kuni kaste muutub heledamaks ja pakseneb.

Veiseliha hiina kapsaga

Serveerib 4

225g/8oz lahja veiseliha
30 ml/2 spl maapähkliõli (maapähklid)
350g/12oz bok choy, tükeldatud
120 ml/4 fl oz/½ tassi veiselihapuljongit
soola ja värskelt jahvatatud pipart
10 ml/2 tl maisijahu (maisitärklis)
30 ml/2 supilusikatäit vett

Viiluta liha õhukeselt vastu tera. Kuumuta õli ja prae liha kuldpruuniks. Lisa bok choy ja prae, kuni see veidi pehmeneb. Lisa puljong, lase keema tõusta ning maitsesta soola ja pipraga. Kata kaanega ja küpseta 4 minutit, kuni liha on pehme. Sega maisitärklis ja vesi, lisa pannile ning kuumuta segades, kuni kaste pakseneb.

Veiselihakarbonaad Suey

Serveerib 4

3 selleripulka, viilutatud
100 g sojaidusid
100 g brokoli õisikuid
60 ml/4 spl maapähkliõli (maapähklid).
3 murulauku (murulauk), hakitud
2 küüslauguküünt, purustatud
1 viil ingverijuurt, tükeldatud
225g/8oz lahja veseliha, lõigatud ribadeks
45 ml/3 spl sojakastet
15 ml/1 spl riisiveini või kuiva šerrit
5 ml/1 tl soola
2,5 ml/¬Ω teelusikatäis suhkrut
värskelt jahvatatud pipar
15 ml/1 spl maisijahu (maisitärklis)

Blanšeeri seller, oad ja spargelkapsas 2 minutit keevas vees, nõruta ja kuivata. Kuumuta 45ml/3spl õli ja prae talisibul, küüslauk ja ingver kergelt kuldseks. Lisa liha ja pruunista 4 minutit. Eemalda pannilt. Kuumuta ülejäänud õli ja prae köögivilju 3 minutit. Lisa liha, sojakaste, vein või šerri, sool, suhkur ja näpuotsaga pipart ning prae 2 minutit. Sega maisitärklis vähese veega, vala pannile ja küpseta segades, kuni kaste on heledamaks muutunud ja paksenenud.

Liha kurgiga

Serveerib 4

450 g/1 naela kintsuliha, lõigatud õhukesteks viiludeks
45 ml/3 spl sojakastet
30 ml/2 spl maisijahu (maisitärklis)
60 ml/4 spl maapähkliõli (maapähklid).
2 kurki, kooritud, seemnetest puhastatud ja viilutatud
60 ml/4 spl kanapuljongit
30 ml/2 spl riisiveini või kuiva šerrit
soola ja värskelt jahvatatud pipart

Aseta praad kaussi. Sega sojakaste ja maisijahu ning lisa steigile. Lase 30 minutit marineerida. Kuumuta pool õlist ja prae kurke 3 minutit läbipaistmatuks, seejärel eemalda pannilt. Kuumuta ülejäänud õli ja prae praad kuldpruuniks. Lisa kurgid ja prae 2 minutit. Lisa puljong, vein või šerri ning maitsesta soola ja pipraga. Kuumuta keemiseni, kata ja keeda 3 minutit.

Veiseliha Chow Mein

Serveerib 4

750 g/1¬Ω naela kintsuliha

2 sibulat

45 ml/3 spl sojakastet

45 ml/3 spl riisiveini või kuiva šerrit

15 ml/1 spl maapähklivõid

5 ml/1 tl sidrunimahla

350g/12oz munanuudlid

60 ml/4 spl maapähkliõli (maapähklid).

175 ml/6 fl oz/¬œ tass kanapuljongit

15 ml/1 spl maisijahu (maisitärklis)

30 ml/2 spl austrikastet

4 šalottsibulat (murulauk), hakitud

3 selleripulka, viilutatud

100 g seeni, viilutatud

1 roheline paprika, lõigatud ribadeks

100 g sojaidusid

Eemaldage ja visake lihast rasv ära. Lõika nisu õhukesteks viiludeks. Lõika sibul viiludeks ja eralda kihid. Sega 15 ml/1 spl sojakastet 15 ml/1 supilusikatäie veini või šerriga, maapähklivõi ja sidrunimahlaga. Lisage liha, katke ja laske 1 tund puhata.

Keeda pasta keevas vees umbes 5 minutit või kuni see on pehme. Kuivatage hästi. Kuumuta 15 ml/1 spl õli, lisa 15 ml/1 spl sojakastet ja nuudlid ning prae 2 minutit, kuni need on kergelt pruunistunud. Tõsta soojale serveerimistaldrikule.

Sega ülejäänud sojakaste ja vein või šerri puljongi, maisijahu ja austrikastmega. Kuumuta 15 ml/1 spl õli ja prae sibulaid 1 minut. Lisa seller, seened, paprika ja oad ning prae 2 minutit. Eemalda wokist. Kuumuta ülejäänud õli ja prae liha kuldpruuniks. Lisa puljongisegu, lase keema tõusta, kata ja keeda 3 minutit. Pange köögiviljad tagasi vokkpannile ja küpsetage segades umbes 4 minutit, kuni need on kuumad. Vala segu pastale ja serveeri.

Kurgi praad

Serveerib 4

450 g/1 naela kintsupihv

10 ml/2 tl maisijahu (maisitärklis)

10 ml / 2 tl soola

2,5 ml/¬Ω teelusikatäis värskelt jahvatatud pipart

90 ml/6 spl maapähkliõli

1 sibul, peeneks hakitud

1 kurk, kooritud ja viilutatud

120 ml/4 fl oz/¬Ω tassi veiselihapuljongit

Lõika praad ribadeks ja seejärel õhukesteks viiludeks vastu tera. Asetage see kaussi ja segage maisijahu, sool, pipar ja pool oliiviõli. Lase 30 minutit marineerida. Kuumuta ülejäänud õli ning prae liha ja sibul kergelt pruuniks. Lisa kurgid ja puljong, kuumuta keemiseni, kata kaanega ja hauta 5 minutit.

Rostbiifi karri

Serveerib 4

45 ml/3 spl võid

15 ml/1 spl karripulbrit

45 ml/3 supilusikatäit tavalist jahu (universaalne)

375 ml/13 fl untsi/1¬Ω tassi piima

15 ml/1 spl sojakastet

soola ja värskelt jahvatatud pipart

450 g/1 nael keedetud veseliha, jahvatatud

100 g herneid

2 porgandit, hakitud

2 sibulat, hakitud

225 g/8 untsi keedetud pikateraline riis, kuum

1 kõvaks keedetud (kõvaks keedetud) muna, viilutatud

Sulata või, lisa karripulber ja jahu ning küpseta 1 minut. Lisa piim ja sojakaste, lase keema tõusta ja keeda segades 2 minutit. Maitsesta soola ja pipraga. Lisa veiseliha, herned, porgand ja sibul ning sega korralikult kastmega kaetud. Sega hulka riis, tõsta segu küpsetusnõusse ja küpseta eelkuumutatud ahjus 200¬∞C/400¬∞F/gaas 6 juures 20 minutit, kuni köögiviljad on pehmed. Serveeri kõvaks keedetud muna viiludega kaunistatult.

www.ingramcontent.com/pod-product-compliance
Lightning Source LLC
Chambersburg PA
CBHW071900110526
44591CB00011B/1488